长三角城市群市场一体化对绿色发展效率的影响研究

李金林 著

中国财经出版传媒集团
中国财政经济出版社

图书在版编目（CIP）数据

长三角城市群市场一体化对绿色发展效率的影响研究 / 李金林著． -- 北京：中国财政经济出版社，2023.7
ISBN 978－7－5223－2254－4

Ⅰ．①长… Ⅱ．①李… Ⅲ．①长江三角洲－城市群－统一市场－影响－区域经济发展－研究 Ⅳ．①F127.5

中国国家版本馆 CIP 数据核字（2023）第 096458 号

责任编辑：彭　波　　　　　责任印制：史大鹏
封面设计：卜建辰　　　　　责任校对：张　凡

中国财政经济出版社 出版

URL：http://www.cfeph.cn
E－mail：cfeph@cfeph.cn

（版权所有　翻印必究）

社址：北京市海淀区阜成路甲28号　邮政编码：100142
营销中心电话：010－88191522
天猫网店：中国财政经济出版社旗舰店
网址：https://zgczjjcbs.tmall.com
北京财经印刷厂印刷　各地新华书店经销
成品尺寸：170mm×240mm　16 开　10.75 印张　166 000 字
2023 年 9 月第 1 版　2023 年 9 月北京第 1 次印刷
定价：68.00 元
ISBN 978－7－5223－2254－4
（图书出现印装问题，本社负责调换，电话：010－88190548）
本社质量投诉电话：010－88190744
打击盗版举报热线：010－88191661　QQ：2242791300

前　　言

改革开放40多年来，中国经济高速增长，经济实力显著提升，人民生活水平明显提高，但也随之产生了高能耗、高排放、高污染等严重问题。随着经济进入高质量发展阶段，绿色发展已逐渐成为增强经济发展效益和广大人民生活质量提高的不可忽视的力量。然而，由于地方政府之间的竞争所衍生出来的地方保护和地方市场分割行为盛行，最终造成各地出现产业同构、重复建设与环境污染等一系列问题，从而阻碍了区域实现绿色可持续发展。那么，在这种背景下，如何实现绿色发展则成为我国目前面临的最大挑战之一。现阶段，推动统一市场体系建设对于强化区域分工以及推动环境治理方面的跨区域合作至关重要。长三角城市群作为中国工业化发展进程最快的地区之一，不仅是中国经济发展的核心地区和战略支撑点，更在推进区域实现"生态优先、绿色发展"过程中发挥着重要的示范作用。近年来，长三角城市群一体化发展已经上升为国家重大发展战略，因此，探究长三角城市群市场一体化是否可以在实现经济增长的同时还能实现环境的友好，不仅对长三角城市群走绿色发展之路具有重要的现实意义，同时对我们进一步探索可复制、可推广的绿色发展新路子来说也显得十分必要。

（1）研究的主要内容。

本书立足于长三角城市群这一区域，在详细地梳理与研究密切相关的文献基础之上，审慎测算了长三角城市群各城市绿色发展效率并分析了其时空演变特征，构建了市场一体化与绿色发展效率之间的理论框架，厘清了"市场一体化"与"绿色发展效率"之间的内在逻辑联系。为进一步研究市场一体化影响绿色发展效率的作用机制与渠道效应，本书分析了"市场一体化—产业结构调整—绿色发展效率"的作用机制，并研究了市场一体化如何通过产业结构调整影响绿色发展效率；同时分析了"市场一体化—科技创新—绿色发展效率"的影响机制，研究了市场一体化如何影响科技创新和科技创新影响绿色发展效率的作用机制。

（2）研究的主要结论。

①在2004~2018年这一考察期内，长三角城市群大多数城市绿色发展效率水平值有了显著的提高，但是长三角城市群绿色发展效率呈现出非均衡的状态，各城市之间绿色发展效率水平各有不同。其中，从分布动态来看，长三角城市群总体绿色发展效率水平经历了由下降到上升的演变，且高水平城市数量逐年增加的变化过程，同时，长三角城市群绿色发展效率水平存在"俱乐部趋同"的现象。从网络空间关联的分析可知，长三角城市群绿色发展效率的网络关联不断趋于紧密，各个城市在绿色发展方面的相互联系逐渐在增强，但是各城市在绿色发展方面的联系还仅仅处于一种弱联结分布状态。从凝聚子群的分析结果来看，地理空间距离并不能限制长三角城市群内不同城市之间实施绿色协调发展，但是就目前而言，长三角城市群内还未能形成稳定的、联系密切的绿色发展效率网络空间结构。从核心—边缘结构分析来看，总的来说，上海市和江苏省始终为长三角城市群绿色发展效率联系网络的绝对核心区域，浙江省和安徽省则是逐步由边缘区发展为核心区域。

②市场一体化有助于提升长三角城市群绿色发展效率，通过重

新测度被解释变量、安慰剂检验、剔除部分观测值、动态 GMM 估计以及工具变量法等稳健性检验方法，进一步验证了市场一体化能够促进绿色发展效率，同时，市场一体化对绿色发展效率的影响还存在明显的异质性特征。本书进一步采用空间计量模型实证检验发现，长三角城市群绿色发展效率呈现出显著的空间相关性，绿色发展效率水平相对较高的地区，其集聚空间溢出效应对周边区域也具有较强的辐射带动作用。

③市场一体化通过促进产业结构高级化、产业结构合理化以及科技创新显著地提升了绿色发展效率水平，即产业结构高级化、产业结构合理化与科技创新是市场一体化影响绿色发展效率的重要传导机制。同时，通过对市场一体化影响绿色发展效率的中介效应测度和作用机制贡献的分解可以看出，市场一体化经由产业结构高级化、产业结构合理化以及科技创新作用于绿色发展效率的中介效应中，产业结构高级化的中介效应更为凸显。

(3) 研究的政策建议。

①要破除长三角城市群由于行政区划所引起的市场分割，避免行政手段对市场机制产生过多的干预，并有效发挥市场的配置功能，使市场能够真正主导商品和要素的价格以及流向，使其能够进一步在长三角城市群内实现跨区域自由流动。

②长三角城市群各城市之间应当避免逐底竞争，努力完善区域间的分工协作体系。同时，进一步加大对长三角城市群环境污染治理的财政支持，并淘汰相关落后的产业和促进产业在各城市间实现有序转移。

③加强科技创新领域的供给侧结构性改革，通过改革进一步消除长三角城市群内科技创新的阻碍因素，完善相关科技创新配套政策和机制，且加快补齐科技创新短板并着力优化科技创新环境，从而营造出有利于长三角城市群科技创新的良好市场环境。

④长三角城市群内各省市应当秉承合作开发、协同治理的理念，以长三角城市群一体化发展的思维解决绿色发展过程中遇到的难题，从而有效避免出现"各自为政"的局面。

作　者

2023 年 1 月

目 录

第1章 绪论 ·· 1
   1.1 研究背景 ·· 1
   1.2 研究问题与意义 ·· 3
   1.3 研究目的、思路、内容与方法 ······································ 6
   1.4 概念界定 ·· 11
   1.5 研究的主要创新之处 ·· 15

第2章 理论基础与文献综述 ·· 17
   2.1 理论基础 ·· 17
   2.2 有关市场一体化的相关研究 ······································ 21
   2.3 有关绿色发展效率的研究 ·· 28
   2.4 市场一体化与绿色发展效率 ······································ 33
   2.5 有关长三角城市群的研究 ·· 34
   2.6 研究评述 ·· 36

第3章 长三角城市群绿色发展效率的时空特征分析 ············ 38
   3.1 长三角城市群绿色发展效率测度 ······························ 38
   3.2 长三角城市群绿色发展效率的区域差异及其分解 ···· 41
   3.3 长三角城市群绿色发展效率分布的时空演进 ············ 51
   3.4 长三角城市群绿色发展效率的空间关联 ··················· 63
   3.5 本章小结 ·· 77

第4章 长三角城市群市场一体化对绿色发展效率影响的机理分析 ………… 78

4.1 市场一体化对绿色发展效率的直接影响 …………………………… 78

4.2 市场一体化对绿色发展效率的间接影响 …………………………… 84

4.3 本章小结 ……………………………………………………………… 90

第5章 长三角城市群市场一体化对绿色发展效率影响的实证分析 ………… 91

5.1 模型设定与变量说明 ………………………………………………… 91

5.2 实证结果分析 ………………………………………………………… 96

5.3 市场一体化与绿色发展效率的空间计量分析 ……………………… 109

5.4 本章小结 ……………………………………………………………… 118

第6章 长三角城市群市场一体化对绿色发展效率影响的中介效应检验 …………………………………………………………… 119

6.1 模型设定与变量说明 ………………………………………………… 119

6.2 产业结构调整的中介效应检验 ……………………………………… 121

6.3 科技创新的中介效应检验 …………………………………………… 126

6.4 中介效应测度和作用机制贡献分解 ………………………………… 129

6.5 本章小结 ……………………………………………………………… 129

第7章 研究结论、对策建议与研究展望 ……………………………………… 131

7.1 研究结论 ……………………………………………………………… 131

7.2 对策建议 ……………………………………………………………… 133

7.3 研究展望 ……………………………………………………………… 136

参考文献 …………………………………………………………………………… 138

第1章

绪 论

1.1 研究背景

改革开放40多年以来,中国依靠大规模投资迅速实现工业化和城市化,使中国经济实现跨越式的增长,令全世界为之瞩目(Guo et al.,2020;Wang et al.,2020)。但这种增长方式主要依靠大量廉价劳动力和不可再生能源等资源提供相应的支持(Song et al.,2018),纯粹以"高消耗、高污染、低效益"为导向的粗放型发展尽管使经济增长迅速,却未能实现其由"量"到"质"的突破,并且还使中国付出了沉重的环境代价(汪莉等,2019)。由2018年CEEB相关报告的数据可知,在中国338个地级市及以上城市中,仅有少量城市实现了环境空气治理达标,而环境空气质量未能达标的城市竟有高达64.2%。严重的环境污染对于居民个体而言不利于其生理健康,对于国家而言则降低了经济发展质量(Ebenstein et al.,2017)。目前,绿色经济被认为是减少污染物排放、节约能源与实现经济可持续增长的有效途径(Lin and Zhu,2020)。同时,党的十九届五中全会提出,要大力推动经济社会发展全面绿色转型,促进绿色生产和生活方式的形成。因此,探究"既要绿水青山,也要金山银山"的绿色发展模式成为学术界关注的焦点问题(林伯强和谭睿鹏,2019),这不仅是高质量发展的内在要求,同时对于推动经济社会全面绿色转型也具有重要现实意义。

近年来,中国经济增速放缓,生态环境保护不断增强,这也表明中国经济已经从高速增长阶段转变为高质量发展阶段,这一现象被称为经济的"新常态"（Lai et al., 2021）。而在"新常态"这一发展阶段中国主要目标是要实现环境保护与经济发展之间的关键再平衡（Hu, 2015）。目前，推动统一市场体系建设是实现经济增长、生态环境保护与提高绿色增长效率等目标的重要制度保障（孙博文和程志强，2019；龚新蜀等，2021）。随着全球化进程的不断加快，中国早已形成了一个外向经济体，但在中国不同区域之间还普遍存在市场分割现象（Li and Lin, 2017），这将不利于区域间市场一体化进程，从而进一步阻碍未来区域高质量发展目标的实现（陆铭等，2004；刘培林，2005；周黎安，2007）。这主要有两个方面原因：一是市场分割会阻碍资源要素跨区域自由流动，导致资源要素不能在区域间实现有效配置，从而不利于产业结构转型升级，最终引发严重的环境污染问题（Bian et al., 2019）；二是市场分割削弱了市场竞争，导致各地本土企业在地方保护下依然采用落后的技术，从而限制了企业技术创新，进一步使企业无法有效提高资源利用效率并降低污染产出。因此，为了打破市场分割的限制，促进区域资源要素实现自由流动，党中央和国务院先后出台了《京津冀协同发展规划纲要》《成渝城市群发展规划》《长江三角洲城市群发展规划》以及《中原城市群发展规划》等一系列区域经济发展规划，且在上述规划中均明确要求了城市群一体化发展，这也意味着区域一体化市场建设已成为中国政府的重要任务之一（Shao et al., 2019）。

长三角城市群作为中国工业化发展进程最快的地区之一，其不仅是中国经济发展的核心地区和战略支撑点，更是在推进区域实现"生态优先、绿色发展"过程中发挥示范作用。从地理上来看，长三角城市群位于长江河口形成的冲积平原，包括上海、江苏、浙江和安徽，且沿着中国东海岸。其目前是中国最大的经济区，也是中国最具活力、最有前途的经济区（Fang et al., 2020）。其中，《长江经济带城市群发展报告（2019～2020 年）》数据显示，2019 年，长三角城市群 27 个城市仅仅占全国 2.3% 左右的土地面积以及 11.8% 左右的常住人口，但其地区生产总值达到 20.4 万亿元左右，经济总量占全国的比例高达 20.6%。尽管长三角城市群的经济总量和城市化率较高，但其当前正面临人口密度过高、能源消费结构不合理等问题，再加上同样面临中国城市普遍存在的资源短缺和环境污染问题，长三角城市群的可持续发展迎来巨大挑战（黎文勇等，2018；Luo et al.，2021）。《2020年中国城市高质量发展报告》数据显示，从绿色发展维度看，排在前5位的城市依次是深圳、海口、南昌、福州以及南宁，而长三角城市群没有一个城市的绿色发展指数能进入前10位。2018年11月，习近平总书记在首届中国国际进口博览会上提出将长三角一体化发展上升为国家战略，这是党中央、国务院精准把握经济和社会发展形势做出的重大战略部署，对于推进长三角区域经济、政治、社会、文化和生态文明一体化发展具有重大的理论意义（田时中和丁雨洁，2019）。随后，2019年12月，《长江三角洲区域一体化发展规划纲要》（以下简称《纲要》）也正式印发，《纲要》里面特别强调长三角城市群内上海、浙江、江苏以及安徽应当重点围绕"生态环境"等领域展开相应合作，生态环境一体化发展必定会成为长三角城市群区域一体化发展过程中不可或缺的一环（杨桐彬等，2020）。因此，促进长三角城市群三省一市的整体绿色发展效率水平不断提升，缩小地区内部绿色发展效率差距，将成为长三角区域一体化进程中的必然选择。

1.2 研究问题与意义

1.2.1 研究问题

首先，本书构建了长三角城市群绿色发展效率评价模型，展开了对长三角城市群绿色发展效率的科学评价研究，并实证研究了长三角城市群绿色发展效率的时空差异特征；其次，本书细致地分析了长三角城市群市场一体化与绿色发展效率之间的空间演化特征和影响关系，并给出了合理的诠释，为进一步深入研究长三角城市群绿色发展效率奠定基础；最后，本书尝试基于一个完整的理论框架探讨市场一体化如何影响绿色发展效率，能够在更加细致的空间尺度上对市场一体化与绿色发展效率进行研究。具体来讲，本书将着重解决下列核心问题。

（1）对于长三角城市群而言，如何准确、科学地评价其整体和内部各城市的绿色发展效率水平？

绿色发展战略一方面是区域经济增长与资源环境实现融合发展的核心内容，另一方面更是促成区域内人地和谐发展的关键路径（程钰等，2019）。鉴于此，绿色发展效率被众多学者引入学术界进行相应的研究，其中，绿色发展效率是从环境和资源等方面来评价一个国家或者地区经济发展的重要指标（李爽等，2019）。而长三角城市群作为中国经济最发达、综合实力最强的区域之一，其对于中国在提升区域绿色发展效率以及创建区域生态文明等方面能够发挥至关重要的作用（吴洁等，2020）。但由于长三角城市群内各城市在经济发展程度、资源能源禀赋以及其他方面的条件均各不相同，城市群内各城市绿色发展效率水平的高低及其发展变化也是各有不同，因此，在现实工作中则不能对长三角城市群内所有城市采取同一标准。一方面应当基于长三角城市群绿色发展效率整体水平进行相应分析；另一方面更应当对长三角城市群内各城市采取有差别的方法或政策来分别评估绿色发展效率水平，从而实现地区间绿色可持续协同发展（高赢，2019）。那么，长三角城市群内各城市绿色发展效率水平是否存在差异？长三角城市群不同时期的绿色发展效率水平遵循怎样的演进特征与演变路径？长三角城市群绿色发展效率是否存在空间关联？这构成了本书的第一个研究问题。因此，科学地评价当前长三角城市群绿色发展效率状况，并进一步分析长三角城市群绿色发展效率的演进特征以及区域差异性，将有利于政府有针对性地制定相关政策，同时也对于促进区域绿色转型具有重要的现实意义（郝淑双和朱喜安，2019；张婕等，2020）。

（2）作为区域一体化的核心，市场一体化与绿色发展效率之间是否存在一定的内在联系？其背后的传导机制是什么？

目前，中国仍然存在一定程度的地方保护和市场分割，但是随着经济社会不断发展，区域市场一体化水平有了较大幅度提升，地方保护主义以及贸易壁垒等现象有所缓解（豆建民和崔书会，2018；刘志彪，2019）。就大多学者的研究而言，市场一体化能够显著促进经济增长（张跃等，2021）。从知识的维度来看，市场一体化可以通过对内要素和产品的交流以及相应的分工来缓解区域间知识错配，从而推进区域全要素生产率提升（江三良和赵梦婵，2020）。毛其淋和盛斌（2012）从区域市场整合的视角出发，实证检验了其对省际全要素生产率的影响。研究后发现，区域市场整合能够显著地促进全要素生产率水平的提升。但是，在关注市场一体化所带来的经济效应的同时，也不能忽略市场一体化所产生的环境效应。从理论上来看，市场分割会导致资源错配，这将引起碳排放配置效率在一定程度上的损失，进而在长期上会对碳排放强度带来不利的影响（张德钢，2017）。然而，当地方政府进行一体化合作时，区域间市场一体化水平逐渐提升，生产要素也能实现自由流动，这将极大地推动城市群的节能减排效应，从而有力地增强城市群经济发展的整体质量（尤济红和陈喜强，2019）。然而，绿色可持续发展的内涵要求在实现经济增长的同时又能兼顾资源节约与生态环境保护，那么，长三角城市群市场一体化是否能满足这一要求——在实现经济增长的同时还能实现环境的友好？这不仅对进一步探索可重复、可扩展的绿色发展新路径来说显得尤为必要，且更决定了长三角城市群生态保护战略能否顺利实现（赵领娣和徐乐，2019）。因此，探究长三角城市群市场一体化对绿色发展效率的影响便构成了本书的第二个研究问题。如果第二个问题得以证实，那么长三角城市群市场一体化影响绿色发展效率背后又蕴含着怎样的作用机制？这也是本书所研究的核心问题。

1.2.2 研究意义

（1）理论意义。

第一，改革开放以来，随着中国对外开放程度越来越深，区域之间的壁垒逐渐消除，国内市场一体化现象日益凸显。同时，在新发展理念指导下推动经济绿色可持续发展受到各方空前关注。本书运用制度经济学、区域经济学、产业经济学等多学科理论构建了市场一体化影响绿色发展效率的理论框架。这既是本书正确研究绿色发展问题的重要理论支撑，也是对现有文献进行有益补充。

第二，市场一体化和绿色发展效率之间是否存在内在联系？其理论机制是什么，这些问题同样值得去深究。因此，本书在借鉴已有相关研究的基础上，揭示了市场一体化影响绿色发展效率的作用机制，阐释了市场一体化如何作用于产业结构调整、科技创新从而间接影响绿色发展效率的理论机理,并进行了细致的实证检验,丰富和拓展了市场一体化与绿色发展效率的相关理论。类似于市场一体化影响绿色发展效率的分析框架同样也适用于除绿色发展外的其他经济和环境问题。

(2) 现实意义。

第一,在区域经济发展过程中,市场一体化处于高级阶段,其通过促进商品和要素跨区域自由流动以实现资源合理配置,并进一步对区域经济高质量发展产生重大的影响。长三角城市群对于中国发展而言具有"压舱石"和"稳定器"的作用,且其一体化发展与绿色发展均已上升至国家发展战略,研究市场一体化就绿色发展效率的影响对长三角城市群贯彻"生态优先、绿色发展"理念具有重要的现实意义。

第二,本书通过客观评价长三角城市群整体以及各城市群绿色发展效率的现状、时空差异、动态演进以及空间关联特征,分析了长三角城市群市场一体化影响绿色发展效率的作用机制与形成机理,并对两者的关系进行了相应的实证考察,最后根据实证和理论部分的研究提出有针对性的政策建议。一是对于长三角城市群各级政府应当加快制定或出台相应政策以便消除地方保护和行政壁垒,推动长三角城市群实现绿色可持续发展具有重要的指导作用;二是通过探究长三角城市群绿色发展的演变规律,能够为诸如京津冀城市群、珠三角城市群以及成渝城市群等其他类似的城市群实现绿色发展提供有益的参考。

1.3 研究目的、思路、内容与方法

1.3.1 研究目的与研究思路

(1) 研究目的。

总的来说,本书的研究目的是选择科学的理论与方法,在清晰界定市场一体化与绿色发展效率的概念内涵基础上,分析长三角城市群市场一体化与绿色发展效率的特征及关系,剖析市场一体化对绿色发展效率影响的作用机理,并

系统检验市场一体化对绿色发展效率的影响及具体作用机制，从而为促进长三角城市群实现绿色可持续发展提供理论与实证支撑。本书的研究目的主要体现在以下几个方面。

第一，清晰界定当前市场一体化与绿色发展效率的概念内涵，在大市场理论、新经济地理学理论、可持续发展理论、循环经济理论、效率理论等经典理论以及回顾相关文献的基础上，分析长三角城市群市场一体化对绿色发展效率的直接影响，并基于产业结构调整以及科技创新等视角，探索性地研究长三角市场一体化对绿色发展效率的间接影响机制，详细介绍市场一体化与绿色发展效率的测度指标及测度方法。

第二，细致测算长三角城市群总体和内部各城市的绿色发展效率水平，全面、客观地统计分析当前长三角城市群绿色发展效率水平的区域异质性情况，了解其绿色发展效率水平的时空演进动态及空间关联特征，进一步为长三角城市群实现绿色可持续发展提供依据。

第三，首先依托文献分析与机制分析，以市场一体化为核心解释变量，以绿色发展效率为被解释变量，进行基准回归；其次，进行稳健性检验以及空间计量回归；最后，分别以产业结构调整与科技创新为中介变量，进行作用机制检验。

第四，结合机制分析与实证检验结果，归纳长三角城市群市场一体化影响绿色发展效率的基本结论，结合现实背景，系统设计市场一体化助力绿色发展效率水平提升的对策建议。

（2）研究思路。

第一，提出研究问题。基于长三角城市群的现实背景以及现有文献中存在的不足提出本书研究的主要问题。

第二，时空特征分析。分析长三角城市群绿色发展效率的时空演进特征以及空间关联特征。

第三，机制分析。基于大市场理论以及可持续发展等相关理论，对长三角城市群市场一体化影响绿色发展效率的机制进行分析，揭示市场一体化对绿色发展效率影响的作用机制。

第四，实证分析。以市场一体化为核心解释变量，以绿色发展效率为被解释变量，进行市场一体化对绿色发展效率的实证分析，并进行稳健性检验以及中介效应机制检验。

第五，政策建议。在前面理论部分和实证部分分析的基础之上，进一步提出有针对性的政策建议。

1.3.2 研究内容与研究方法

（1）研究内容。

基于以上研究思路，本书的研究内容主要从以下七个章节展开分析。具体如下：

第1章为绪论部分：该部分主要是在介绍相关背景的基础之上提出本书所要研究的问题，同时，进一步阐述了本书研究目的以及本书的研究具有什么样的现实和理论意义，此外，还详细介绍了本书的研究内容以及与之相关的方法、主要概念的界定和本书的主要创新之处。

第2章为理论基础与文献综述。主要梳理相关文献及理论，具体内容包括几个方面：首先，对与本书密切相关的理论进行梳理，这些理论包括关税同盟理论、大市场理论、新经济地理学理论、可持续发展理论、循环经济理论以及效率理论；其次，详细梳理国内外相关文献，梳理文献时，按照市场一体化的测度、市场一体化的影响因素、市场一体化的经济增长效应、绿色发展效率的测度、绿色发展效率的影响因素、市场一体化与绿色发展效率以及长三角城市群的相关研究展开；最后，本书对上述文献进行相应的评述。

第3章为长三角城市群绿色发展效率的时空特征分析。本章首先采用SBM方法测算长三角城市群整体以及城市群内各城市的绿色发展效率水平；其次，利用Dagum基尼系数分析方法分析绿色发展效率的区域差异，并进一步利用Kernel密度估计方法以及Markov链深入分析绿色发展效率的动态演进过程；最后，利用社会网络分析方法进一步分析了长三角城市群绿色发展效率的空间关联网络特征。

第4章为长三角城市群市场一体化对绿色发展效率影响的机理分析。首先，本章详细探讨了市场一体化影响绿色发展效率的直接效应；其次，基于产业结构调整、科技创新等视角分析市场一体化影响绿色发展效率的间接效应。

第 5 章实证考察了市场一体化影响绿色发展效率。本章主要包括模型设定、变量选取以及数据来源等相关内容，其中着重介绍了市场一体化数据的获取以及绿色发展效率的量化。以市场一体化为核心解释变量，以绿色发展效率为被解释变量，进行基准回归分析与稳健性检验，并分析了市场一体化对绿色发展效率的空间溢出性。

第 6 章为长三角城市群市场一体化对绿色发展效率影响的中介效应检验。为进一步分析相关作用机制，本章在结合前面长三角城市群市场一体化对绿色发展效率影响理论的基础上，分别从产业结构调整、科技创新等维度实证检验市场一体化对绿色发展效率影响的作用机制，并给出了相应解释。

第 7 章为研究结论、对策建议与研究展望。首先，根据上述的实证研究内容得出本书的研究结论；其次，根据相应的实证结果，有针对性地提出长三角城市群怎样更好地实现绿色发展以及如何通过产业结构调整、科技创新促进绿色发展效率的政策建议；最后，是研究展望。

本书的研究框架如图 1.1 所示。

（2）研究方法。

本书围绕长三角城市群绿色发展效率的现状及问题，广泛挖掘和科学吸收已有理论资源，在充分认识和把握市场一体化影响绿色发展效率相关理论之后，进一步根据长三角城市群绿色发展效率的现状及其区位特征进行研究，并综合使用 SBM 模型、区位熵、Dugum 基尼系数分解、Kernel 核密度估计、空间 Markov 链概率转移矩阵以及社会网络分析（SNA）等一系列研究方法，探索长三角城市群绿色发展效率水平、时空差异与动态演进以及空间关联特征。采用最小二乘虚拟变量法（LSDV）以及空间计量模型实证研究长三角城市群市场一体化对绿色发展效率影响。此外，本书选择将产业结构调整、科技创新作为中介变量来实证检验市场一体化对绿色发展效率影响的作用机制。本书在研究过程中主要采用了以下方法。

文献分析法。本书全面细致地梳理了国内外有关市场一体化和绿色发展效率的最新文献，其中包括市场一体化的相关研究、绿色发展效率相关的研究、市场一体化与绿色发展效率相关的研究以及长三角城市群的相关研究等，并对

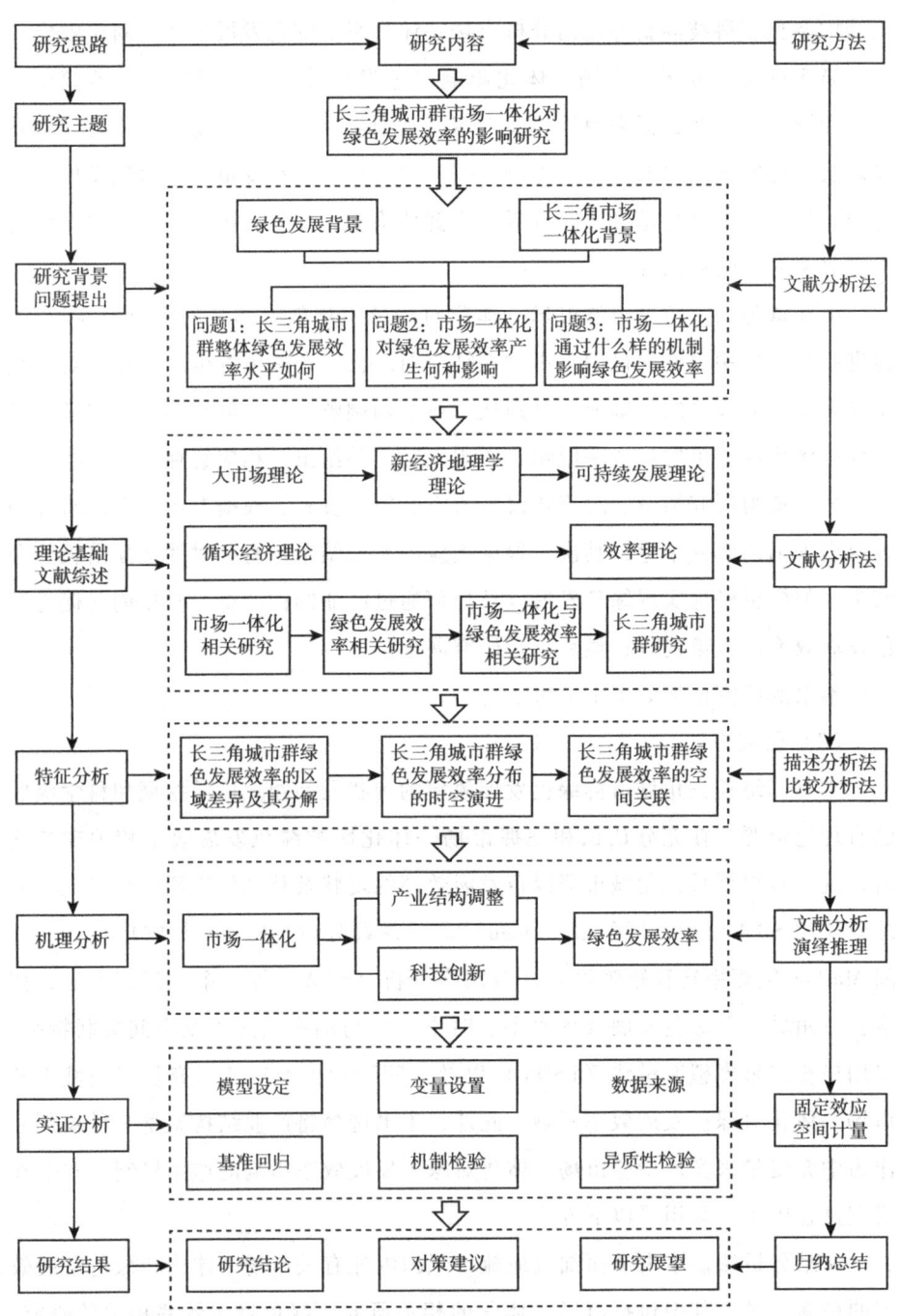

图 1.1 本书的研究框架

相关文献进行了参考、总结和评述,从而能够进一步地了解与本书相关的研究前沿。

综合测度法。本书综合运用 SBM 模型实证考察了长三角城市群整体以及城市群内各城市的绿色发展效率水平,并运用 Dagum 基尼系数方法研究绿色发展效率的时空差异及差异来源,采取 Kernel 核密度估计方法以及空间 Markov 链概率转移矩阵方法研究长三角城市群绿色发展效率的时空动态演进,最后采用社会网络分析法(SNA)刻画并解构长三角城市群绿色发展效率的空间关联网络特征。

数理模型分析。本书第 4 章"市场一体化与绿色发展效率:机理分析"中使用了该方法。在一系列研究假设与约束条件下,利用数理模型方法给出了市场一体化直接影响绿色发展效率的关系原理。

计量模型分析。本书在实证部分主要通过以下计量方法对基于机理分析所提出的命题进行检验:①采用了最小二乘虚拟变量法(LSDV)讨论市场一体化与绿色发展效率之间的关系;②空间计量法,运用 Moran'I 识别长三角城市群绿色发展效率的空间集聚性,并采用空间误差模型实证检验了市场一体化对绿色发展效率的影响。

1.4　概念界定

1.4.1　市场一体化

厘清市场一体化的概念须对其含义有着清晰的界定,其中,国内外的相关研究也已经对市场一体化从不同角度下过定义。因此,本书在对市场一体化进行概念界定时,应当结合前人已有的研究,并在其基础之上提出最适合本书研究的市场一体化定义。市场一体化与市场分割这两个概念是同一现象的两种不同的表达方式,这两者均可以被看作市场整合问题(陈甬军和丛子薇,2017)。其中,Machlup(1976)首次明确提出了市场一体化这一概念,其认为在两个国家间的市场一体化应当是市场要素具有适当的流动性,同时还必须满足商品在其原产地与出售地保持一致的价格，其中，除去在所难免的运输费用以外，生产要素跨国流动不用支付其他隐性的费用。需要强调的是，Machlup（1976）所指的市场一体化概念针对的是两个国家间的市场一体化，但在这之后许多国内外的相关研究则将市场一体化的内涵缩小在一个国家（或地区）的内部。一般而言，多数学者认为对中国区域间市场整合的相关研究始于Young（2000）的研究。而根据国务院发展研究中心课题组（2005）对有关市场一体化的研究后发现，市场一体化可以从不同的两个角度去解释：其一，在一个完整区域内但来自不同地方的市场主体，其行为常常会受到市场机制作用的影响；其二，以往阻碍不同区域之间交流的"经济边界"也将会逐步消失。因此，从某种程度上来讲，打破区域间的行政边界、实现跨区域协调的过程就是逐步打破、消除地方市场分割从而建立市场一体化体系的过程（徐现祥和李郇，2005），而王磊和李成丽（2018）的研究也认为，究其本质而言，市场一体化也就是在某一特定的区域范围内，各地方行为主体通过选择合理的方式，逐步破除存在于区域间的行政壁垒，从而使商品和要素可以实现跨区域间的自由流动（宁丹和李满营，2015）。

综上所述，综合已有的相关文献、当前实际以及本书的具体研究，本书将市场一体化定义为在一个国家（或地区）范围内消除市场壁垒，并且清理和排除限制竞争的政策，最终实现商品和要素在区域间实现自由流动。

1.4.2 绿色发展效率

绿色发展是作为破解自然环境约束以及经济实现绿色高质量发展转型难题的关键所在（周亮等，2019），与其概念相似的还有可持续发展、绿色经济、绿色增长等相关概念。1987年，"可持续发展"这一概念首次被世界环境与发展委员会提出，实质内涵是一方面不能危及后代发展所需，另一方面又能够满足当代人的发展所求（世界环境与发展委员会，1987）。同时，英国经济学家大卫·皮尔斯等在其经典著作《绿色经济蓝图》中明确表示，迫切需要能够长久地建立一种"可承受的经济增长"，这是第一次有学者正式将环境保护作为绿色发展理念的核心。2010年，绿色经济这一概念率先由联合国环境规划署明确给出,认为绿色经济的核心内涵一方面是其能够提升全世界人民的以及带来相应的社会公平,另一方面还能够极大地降低对环境的破坏(王海芹和高世楫,2016)。紧随其后,绿色增长这一具有更丰富内涵的衍生概念也逐渐出现(许宪春等,2019)。尤其是2011年经济合作与发展组织明确指出绿色发展不单单是有利于实现经济增长,也还可以在防止环境破坏、生物丧失多样性等方面发挥至关重要的作用。同时,在2017年党的十九大报告中明确指出了中国要如何实现绿色发展的目标以及相应的实现方式,即,绿色发展的核心内容是既强调要不断地实现经济增长,同时又要达到保护环境的目的,这是一种用高质量发展的理念来构建共同、协调、公平的可持续发展模式(胡鞍钢和周绍杰,2014;Yang and Liu,2016;刘杨等,2019)。

绿色发展作为一种新的发展模式,循环、低碳、可持续是绿色发展的核心理念,其在本质上要求提高生态、环境和资源的综合利用效率,且更加注重效率、和谐和可持续性,即关键之处在于提升绿色发展效率(车磊等,2018;Zhu et al.,2020)。绿色发展效率作为多数学者测度绿色发展水平的重要方法之一,若所测度的绿色发展效率数值越大,这就充分表明绿色发展水平越高(刘杨等,2019)。其本质在于一方面不仅能够带来经济增长,另一方面还可以兼顾节能减排,从而有力地推动由高投入、高排放和低产出转向绿色生产的发展方式,这与中国正深入推进的绿色发展转型的内在要求相契合(赵领娣等,2016)。

综上所述,本书绿色发展效率的定义是在资源、环境和技术水平的约束下,实现单位投入要素的最大期望产出,即以最小的资源和环境代价实现最有效率的经济产出。

1.4.3 产业结构调整

所谓产业结构,其主要内涵反映的是第一、第二和第三产业之间的构成以及在三次产业间的联系和比例关系,而产业结构的调整就意味着在三次产业内及其之间的比例会发生一定的变化(黄亮雄等,2013)。产业结构调整是一个相对概念,其不再是特指某一产业占比的绝对大小,而是指在符合产业结构发展规律的前提下，通过改变生产要素在各产业部门的比例构成，提高地区产业的整体水平和产业间的协调能力（孔翠英，2017）。

产业结构的调整主要从两个方面来反映，即产业结构的合理化和高级化（胡建辉，2017）。一方面，产业结构合理化的主要核心内涵指的是产业结构从不合理状态向着产业结构合理状态转变的这样一个动态过程，反映了第一、第二以及第三次产业之间各种关系的协调性，其要求基于三次产业的比例关系来合理地配置资源（徐成龙，2015）。尹希文（2019）的研究认为产业结构合理化是指三次产业结构中第一、第二以及第三产业所占的比例与经济发展阶段和产业结构演进的规律相符，即产业结构能否最终实现合理化主要取决于第一、第二以及第三产业之间的经济技术联系和各产业间的相互作用关系能否达到均衡。另一方面，产业结构高级化又可以称作产业结构升级，其反映的是产业结构从较低的形态结构向着较高形态结构转变的一个过程（牛鸿蕾，2013）。

综上所述，本书所讲的产业结构调整包含产业结构合理化和产业结构高级化两个维度，既表现为在三次产业中第一产业比例的不断下降，又包含三次产业间关系的均衡协调发展。

1.4.4 科技创新

所谓的科技创新主要表达的是科技领域内的不断发展，从而实现新的突破（方平，2011），也就是通过将发明出来的新知识、新技术与新型生产运作方式相结合，最终催生出全新的产品或服务的过程（杨代刚，2013）。具体而言，上述过程大致可以分为知识创新、技术创新以及产业创新三个方面。第一，知识创新是科技创新过程中的理论基础，并依靠科学理论并通过展开相应的科学实验等一系列基础性工作来获取新的知识，其可以划分为基础研究和应用研究两个大类，此时在创新过程中依赖的主体是高校和科研院所（丁章明，2019）；第二，技术创新则是建立在知识创新的基础上并取得关键技术的重大突破，其是理论与实践结合的核心部分，在这一过程中的主体主要依赖于企业；第三，产业创新是整个创新过程中的推广与应用，最终使知识与创新成果的市场价值得以实现，在这一创新过程中的主体主要依赖于企业和产业。

综上所述，通过梳理相关文献发现，现阶段学者们对于科技创新还未能给出一个确切的概念，而本书主要是以科技创新为研究对象，系统研究科技创新及其所产生的科技进步对绿色发展效率的影响作用。

1.5 研究的主要创新之处

尽管现有研究取得了一定的阶段性进展，并且也为本书后续的研究奠定了理论基础和逻辑的起点，但是现有研究也忽略了以下几个方面：第一，大多数的研究聚焦于市场一体化带来的经济增长层面，忽略了市场一体化产生的环境效应，而绿色发展效率既要保持经济增长又兼顾资源节约与环境保护，尚未有文献解开市场一体化对绿色经济效率影响的"黑箱之谜"。其中，学者孙博文和孙久文（2019）、张可（2018）的研究与本书研究最为紧密，但孙博文和孙久文（2019）的研究是基于长江经济带105个主要城市面板数据，实证研究了市场一体化对经济增长的影响，而张可（2018）则主要研究市场一体化是否能减排，两篇文章均单一地考虑了市场一体化的经济增长效应或者环境效应。而本书是以长三角城市群的38个地级市及以上城市的数据为研究样本，翔实地反映了市场一体化与绿色发展效率的关系，同时还构建了市场一体化与绿色发展效率之间的理论框架。第二，现有研究忽视了一个重要的问题，即市场一体化主要通过何种路径来影响绿色发展效率，以往研究并没有提供一个统一的理论框架来回答该问题，且基于长三角城市群样本数据对市场一体化、产业结构调整/科技创新与绿色发展效率三者之间的内在逻辑关系也鲜有研究。第三，现有的研究大多忽视了地理空间上存在的差异性，未能全面反映市场一体化对绿色经济效率影响的空间分异特征。

相较于已有研究，本书主要创新之处主要可归纳为以下几个方面：

一是本书以长三角城市群内38个城市为研究对象，构建了市场一体化与绿色发展效率之间的理论框架，厘清了"市场一体化"与"绿色发展效率"之间的内在理论联系，在一定程度上可以为相关研究提供经验证据。

二是市场一体化与绿色发展效率的内在机制研究和效应研究是现有研究中相对薄弱的环节，本书创新性地将产业结构调整、科技创新纳入本书的研究框架中，分别从理论和实证两个方面探讨了市场一体化如何通过上述中介变量影响绿色发展效率的效应与传导机制，使对市场一体化影响绿色发展效率问题的研究逐渐形成了"现象—机制—效应"的完整路径，这既是本书正确处理绿色发展过程中的重要理论支撑，也是对现有文献的有益补充。

三是本书通过 SBM 模型测度了长三角城市群整体以及内部各城市绿色发展效率水平，并利用 Dagum 基尼系数和 Kernel 核密度估计方法以及空间 Markov 链概率转移矩阵方法研究长三角城市群绿色发展效率的时空动态演进，同时，还采用社会网络分析方法（SNA）分析了长三角城市群绿色发展效率的空间网络关联特征，更加全面地揭示了长三角城市群绿色发展效率的空间分布现状，进一步深化了区域绿色发展差异的研究维度，从而使有关绿色发展效率的研究实现了从传统的静态到动态的转变；此外，考虑了绿色发展效率的空间溢出效应，同时也还考察了长三角城市群内周围城市市场一体化对本地绿色发展效率的影响，丰富了既有的研究内容。

第 2 章

理论基础与文献综述

本章主要围绕市场一体化与绿色发展效率，回顾与梳理国内外学者的研究动态，包括以下两部分内容：第一部分是理论基础；第二部分为文献综述。在跟踪和研读现有文献的基础上，按照市场一体化相关文献、绿色发展效率相关文献以及长三角城市群相关文献进行梳理，以期为本书后续研究奠定基础。

2.1 理论基础

2.1.1 大市场理论

大市场理论是在共同市场理论的基础之上衍生出来的新的理论，该理论主要是从动态的视角来阐释区域经济一体化所产生的经济效应，尤其以西托夫斯基和德纽为代表的学者对该理论的形成和进一步发展做出了巨大的贡献。其中，西托夫斯基主要有以下两点观点：第一，通过将一个国家内若干个分割的市场变成一个统一的大市场，从而以前分割的市场在统一市场范围内可以实现贸易自由化，并且生产要素跨区域的流动不再受到任何限制，进而可以实现规模经济效应，那么这样就能够消除由于区域间市场分割所带来的不利影响，最终避免不必要的损失；第二，随着在区域内的统一市场进一步扩大，那么就会使竞争环境更加激烈，这将有利于实现规模经济和技术进步，从而使区域内生产不断增长和发展。换言之，上述所分析的大市场理论的主要核心内容是通过扩大市场并形成统一的市场以此来获得规模经济，从而提升经济效益。也就是通过建立共同市场来促进市场的进一步扩张，并将先前处于分散状态的生产集结在一起，从而能够进行规模化的大生产，最终朝着实现生产的专业化和社会化方向迈进。

大市场理论和关税同盟理论相比较而言，大市场理论在一体化程度上又进了一步，并为经济一体化提供了坚实的理论基础。尽管大市场理论有了一定的进步，但还是存在以下几个方面的缺陷：第一，根据大市场理论所阐释的相关内容来看，建立共同市场的最终目的是能够进一步激发出企业的竞争能力，但是通过出台其他有针对性的政策同样可以提升企业的竞争力，如在成员国国内所制定的一系列有关反垄断的法律法规，尽管没有建立共同市场，但是同样也能够使市场具有一定的活力；第二，将激烈竞争市场下所产生的规模经济效应看作共同市场所带来的依据略有不足。

2.1.2 新经济地理学理论

自20世纪80年代以来，区域经济一体化经过不断演变，朝着更高和更为广泛的层面发展，并且伴随着各种不同的经济活动逐渐在全世界各区域地理层面上出现空间集聚现象，但是新古典经济学却无法解释在发展过程中不断涌现出的新问题（张淑芹，2015；范欣，2016）。因此，以克鲁格曼为代表的相关学者又不得不将研究的方向再次转到经济地理学，他们基于边际收益递增以及不完全竞争模型这一理论基础，对主流经济学理论无法解释的经济现象进行重新考察，创造性地提出了"新经济地理学"理论（谈胖，2017）。"新经济地理学"理论认为，尽管两个国家或者地区在起始阶段具有相似的条件，但是由于一些不确定性因素的出现就会使这种初始平衡难以维持，从而就会进一步引起经济活动在区域内产生集聚。且在边际收益递增的情况下，如果运输成本未能有效地在一个国家间或者区域间形成市场分割，那么这时就不可避免地会出现产业集聚现象。此外，运输成本在新经济地理学理论中有着至关重要的作用，也就是无论运输或销售何种产品，在这一过程中均会产生一定的成本，如运输的有形的成本以及相应的隐性运输成本（卞元超，2019）。然而，一体化可以影响区域间的运输成本，从而使要素跨区域流动，这就将在很大程度上改变空间的均衡。

2.1.3 可持续发展理论

可持续发展是一个涉及范围非常广泛的一个综合动态概念，其中包含经济、社会、文化、技术以及自然环境等一系列相关因素。可持续发展理论的核心内容主要是从理论上指出了发展经济、资源节约和环境友好是息息相关的。可持续发展的概念起源于生态学，其主要是指"生态持续性"，并且在后来的研究中被国内外学者纳入其他不同的领域，而且随着各个领域的学者不断加入，使其具有更为丰富的内涵。1987年，在《我们共同的未来》这份报告中，首次出现了"可持续发展"这一概念和与之相关的发展模式。同时，在报告中明确指出："一方面可持续发展须满足当代人生存和发展所需，另一方面又不能够对后代人的生存和发展造成相应的危机"（林锦彬，2018）。此外，2002年在南非约翰内斯堡世界首脑大会上通过了两份极其重要的文件，在这两份文件中详细描绘了拯救地球、保护环境等一系列有关人类行动的蓝图。

2009年，鲍姆加特纳和奎阿斯在他们共同所著的《什么是可持续发展经济学》这篇文章中，从经济学视角清晰地阐释了可持续发展有以下几大核心特征：第一，从经济学的角度来看，可持续发展更加侧重的是人与自然的和谐关系；第二，可持续发展经济学不能有违公平公正的基本原则；第三，人类社会不能忽视现有的生态系统不具备长期稳定这一问题；第四，可持续发展经济学重点关注的是有关经济的效率方面。鲍姆加特纳和奎阿斯郑重地呼吁人类社会应当将可持续发展经济学用于社会的方方面面，唯有"可持续发展的哲学"与"人类的进步"的目标实现有机结合，环境危机才有可能逐渐得到缓解，因此人类也能够长久地在地球上生活与繁衍。

2.1.4 循环经济理论

循环经济可以分为广义和狭义两种循环经济。其中，何为广义循环经济，其核心内容主要指的是在生态、经济以及社会这三大系统各自的内部和三大系统相互之间实现的高效循环，只有实现了三大系统中有效平稳运行，人类社会才能进一步实现可持续发展，这是一种全新的生产和发展模式。而狭义循环经济的核心内容主要指的是只在经济系统内部的一种循环流动，其仅仅是基于经济系统内部的实体经济，从而达到经济利益最大化和污染环境最小化的目的，这是一种新的经济运行和发展模式。

从现有的研究来看，循环经济新模式的发展变化大致可以从以下三个阶段来论述（诸大建，2017）：第一阶段，1966~1992年，主要是循环经济的思想萌芽和发展的起步阶段。在这一阶段最具代表性的人物是美国生态经济学家Boulding和瑞士有经济思维的建筑师Stahel。第二阶段，1992~2010年，循环经济的理论模型得到了飞速的发展。在这一阶段内，Stahel的绩效经济与湖泊经济以及Pauli的蓝色经济是一些比较具有代表性的理论和模式。第三阶段，在2010年以后，循环经济则朝着全新的发展方向迈进，在这一阶段中英国的Ellen McArthur Foundation（EMF）最为关键。

综上所述，在前面针对循环经济有关概念和理论基础的理解之上，应当充分地认识到：循环经济理论与现有研究中的可持续发展理论以及生态经济理论是有很大关联性的，其是在继承这些相关理论的基础之上发展起来的，但是就循环经济理论与可持续发展理论比较而言，循环经济更加突出实践性，是实现可持续发展的具体途径。

2.1.5 效率理论

效率作为经济学最重要的价值决策之一，被广泛地运用于经济学中，主要强调的是将现有的资源合理地利用或者不浪费，也就是在对资源利用与分配这一过程中，通过将资源合理的分配并使用，从而能够以较小的经济成本就能够获取更大的经济收益。现代经济学的核心即效率理论的来源主要分为以下两个方面：古典经济学和新古典经济学。其中，古典经济学的主要创立者英国经济学家亚当·斯密分别从以下两个方面明确阐述了效率的内涵，一方面劳动生产率的增加即为效率；另一方面其认为若实行市场经济制度就是最有效率的

(车圣保,2011)。而对于新古典经济学来说,其更加注重于资源配置方面的研究,即重点研究稀缺资源的配置效用与收益(郑威,2019)。其将资源利用效率这一概念狭义地定义为生产效率,其主要表现为单位劳动力或单台机器所产生的有效工作结果与投入量之比(高晶,2014);另一种效率是表达投入产出比率达到"最优"的状态的经济效率,即帕累托效率(郭玥,2020)。帕累托效率理论主要阐述有关经济资源配置方面的内容,该理论认为,在没有其他生产上的可行配置使个人在和他们未配置前的效用一样好的前提下,并且使至少一个人变得比未配置前更好,那么在这种资源配置条件下就实现了社会福利最大化,也就是实现了资源的最优配置,因此,可以将帕累托对上述配置效率的解释称帕累托改进或帕累托最优化(张子砚和曹阳,2014)。

在现代经济理论中,国外经济学家Farrell(1957)认为,所谓的配置效率就是在一定的生产技术和价格等相关条件的约束下能够使生产投入比例最为恰当。此外,Farrell(1957)还对技术效率的大小进行了测度。本书的绿色发展效率是用长三角城市群内各城市的资本、劳动力以及能源等指标来表示投入指标,用长三角城市群内各城市当年地区生产总值(GDP)表示为期望产出指标,同时用各城市的工业"三废"表示非期望产出指标,并通过SBM测算得出长三角城市群内各城市绿色发展效率。本书的绿色发展效率表示在资源、环境和技术水平的约束下,实现单位投入要素的最大期望产出,即以最小的资源和环境代价实现最有效率的经济产出,该指标的测度是立足在效率理论基础之上的,因此,本书以效率理论作为重要的理论基础,探究市场一体化对绿色发展效率的影响。

2.2 有关市场一体化的相关研究

近年来,国内外学者针对市场一体化(或者市场分割)相关问题做了大量的研究,并取得了许多有价值的学术成果,这些成果为本书后续研究市场一体化相关问题提供了有益参考。目前,对市场一体化问题的相关研究主要集中在一体化水平测度、影响因素以及经济增长效应三个方面。

2.2.1 市场一体化水平测度

目前有关市场一体化水平测度方面的研究十分普遍，但是能够被多数国内外学者所广泛运用的主要有 5 种方法（余东华和刘运，2009）。

（1）生产法。目前主流的学者在使用生产法时主要是选择使用不同地区之间产业结构的相似程度来表示地区之间的市场一体化程度。生产法的核心理念是：如果商品在地区间可以实现跨区域的自由流动，那么各地之间的产业结构能够充分地展示出各自的特点，进而表现出一定的差异性（张昊，2014）。也就是如果一个地区在专业化方面具有较高水平抑或是产业集聚程度较高，那么地区之间的产业结构差异就大，则我们可以认为地区间市场一体化水平较高（张应武和李小瑛，2010）。Young（2000）选择中国各省区市 1978~1997 年制造业相关数据来研究各省区市与全国总体产出结构的离差系数以及相应的变化情况，认为在中国不断改革发展过程中，各省区市之间出现了非常严重的产业同构现象，从而导致中国的市场存在分割现象。胡向婷和张璐（2005）通过使用生产法对相关问题进行研究后发现，我国地区产业结构趋同的趋势在减弱，这充分表明了我国地区间的保护在逐步减弱，地区间的市场趋于一体化。邱风等（2015）对我国地方保护程度进行了测度，发现国内市场一体化水平有所提升，且地区间产业结构差异化程度也逐步呈现出上升的态势。付强（2017）采用生产法测度了在不同条件下的市场分割，研究发现，在某些省区市之间目前还存在阻碍市场竞争正常进行的市场分割，会最终导致在区域之间很难形成合理分工。此外，也有一部分学者选择区位熵指数和 Hoover 地区化指数等更加细致的行业专业化指数来对市场一体化程度进行测度（路将涌和陶志刚，2006）。尽管生产法在计算市场分割或者一体化时具有简单直观、数据可获得性较好等一系列优点，但是其仅仅依靠相关经济结构数据来研究区域经济市场一体化，该方法还存在一定的局限性（刘运和余东华，2009）。其主要的不足有以下几个方面：第一，从理论方面的视角来看，现在还没有测量中国各省区市之间生产结构的统一标准，并且中国各省区市之间存在的产业同构现象可能不是因为地方保护或者市场分割造成的，而在很大程度上有可能是因为中国各省区市快速发展工业所导致的;第二,中国各省区市之间的生产结构发生的变化在一定程度上反映了中国在渐渐消除先前计划经济所带来的一些不合理的分工方式,而出现这样的现象不完全是因为受各省区市的地方保护或者市场分割的影响。

(2) 贸易法。贸易法的核心理念是基于流通和贸易两个方面来反映市场分割,若区域间贸易流量得以提升,那么表明市场分割下降,市场一体化水平逐渐上升。其主要通过相关引力方法或者边界效应方法来分析地区间的贸易流量大小或者贸易强度从而来反映区域间的市场分割水平(李郇和徐现祥,2006;林志鹏和龙志和,2012),并且能够清晰地反映贸易壁垒的动态变化。Naughton(2000)选择中国 25 个省区市 1987 年和 1992 年这两年省级贸易流量相关数据,研究发现,伴随着中国国内市场一体化水平不断地升高,中国省际间的贸易流量也会不断地增加。Poncet(2002)采用边界效应的方法测度了有关中国各省区市的国内市场一体化水平,研究发现,中国的经济改革在推动国内市场一体化这一方面所做的工作还未凸显成效,国内市场分割的趋势有所加剧。李晓和王小彬(2017)通过采用 2002~2014 年广东珠三角城市群内九个地级市城市以及与香港和澳门 8 类商品的居民消费价格指数来构建相应的指标,并详细分析了粤港澳三地之间的边界效应,研究发现,粤港澳经济一体化水平受到了各种制度性因素的影响。姚永玲和邵璇璇(2020)通过建立了多极核—双重边界效应模型,研究发现,京津冀城市群应该进一步打破行政壁垒,扩展一体化发展空间。黄赜琳和王敬云(2006)研究认为,贸易法是比较直接的一种计算区域经济一体化水平的方法,但该方法还是存在一定程度的缺陷,即该方法无论采用引力模型抑或是采用边界效应模型在分析区域之间的贸易流量、贸易强度和贸易结构时,都没有办法有效排除规模经济、专业化分工等相关因素对贸易流变化所产生的一定影响(孔令池,2018)。

(3) 价格法。价格法是目前被最广泛运用于测度市场一体化的方法,该方法通过计算地区间商品价格的差异来反映地区间市场一体化程度,根据"一价定律",如果在两个地区之间没有相应的行政壁垒或者市场壁垒,那么商品就可以在两个地区之间实现跨区域的自由流动,从而就会导致两个地区之间的商品价格逐渐的趋同,因此可以从两个地区之间的商品价格差异上来反映地区间的市场一体化水平（刘昊和祝志勇，2021）。当地区间的商品价格相对差异逐渐下降或者呈现出趋同态势，那么这充分说明地区间的行政壁垒在逐渐消失，从而使区域市场一体化水平得以提升（邱风等，2015）。Fan和Wei（2006）采用中国国内城市面板数据研究后发现，商品的相对价格逐渐走向收敛的状态，这充分说明中国的市场一体化水平在逐步地提升，市场分割水平在不断地降低。桂琦寒等（2006）和陆铭等（2009）也相继采用价格方法对中国省际市场分割程度进行相应的测量，他们研究后均发现我国目前还存在一定的市场分割，但是市场分割程度相较于以前有所下降，市场一体化水平也不断上升。近年来随着我国商品和要素等方面的价格数据越来越容易获得，大多学者也就倾向于采用相对价格法。例如，陈坤和武立（2013）选择八大类商品价格指数并采用该方法实证考察了长三角城市群市场一体化水平，研究发现，长三角城市群内各城市在近十年来有着明显的一体化趋势。张昊（2020）利用2006~2017年100个左右地级市以及57种商品价格数据测度了市场分割程度，研究发现，在区域间确实存在生产分工的特点。吕冰洋和贺颖（2020）选择中国314个地级市及以上城市2001~2015年的十大类商品价格指数测度了中国各个城市在不同市场区域范围内与其他城市的市场分割程度，研究发现，中国各城市之间的市场分割程度整体表现出逐年下降的趋势。而赵金丽等（2017）选择该方法对京津冀城市群劳动力市场一体化水平进行了测度，研究发现，京津冀城市群劳动力市场一体化水平在逐年上升的趋势，但是一体化进程相对较缓。同时，刘昊和祝志勇（2020）在考虑劳动力异质性的基础上，选择成渝双城经济圈内各城市19个行业的工资水平并通过相对价格法测度其劳动力市场一体化水平，研究发现，在双城经济圈内还难以实现协调推进，同时生产服务业劳动力市场一体化还处于相对较低的水平。

　　尽管价格法同样存在一定的缺陷，但就目前测度市场一体化的众多方法而言，价格法还是被更为广泛应用的方法，究其原因，主要是价格法具有以下几个优点：第一，由于价格波动中包含许多信息，这就使价格法不仅限于对商品市场的一体化水平的考察，同样也能够将价格法用于考察要素市场的一体化水平；第二，由于商品和要素市场价格数据相对齐全且获取这些数据也比较便利，这对于进行相关实证研究非常有利。因此，本书在测度商品市场一体化水平的方法也采用价格法。

（4）经济周期法。从理论方面来看，经济周期方法在早期被学者们多运用于分析国家之间的市场一体化问题，但随着该方法不断向前发展，近年来也常常被许多学者运用于研究国内市场一体化问题。黄玖立等（2011）基于中国1952~2009年的样本数据研究了中国省区市实际周期的协同变化及其决定因素，研究发现，随着市场化改革开始后，中国各省区市之间生产协作增强且协同性在逐渐上升。许统生和洪勇（2013）实证考察了中国省区市经济周期同步性水平后认为，就总体情况而言，中国省区市经济周期同步性水平还不能够明显地看出具有的上升趋势。杨开忠等（2019）基于中国31个省级行政区1979~2017年的样本数据研究后发现，在改革开放的早期，中国省区市之间的经济周期协动性比较弱，存在较大的波动幅度，随着改革开放的不断发展，中国省区市之间的经济周期波动逐渐趋于平稳，并且省区市之间经济周期协动性也逐步增强。刘嘉伟和岳书敬（2020）利用长三角城市群1996~2016年的相关数据测度了其区域经济一体化水平，研究发现，长三角区域经济一体化程度呈现出稳中有升的状态。

在用经济周期法来测度市场一体化水平时具有一定的优点，原因在于该方法侧重于动态性和跨时期的研究，使最终测度结果具有很强的说服力。但是该方法也存在一定的局限性，即：该方法直接凭借经济波动的同步性来反映国内市场一体化水平时难免出现偏误的情况，因为有时候经济波动的地区同步性较高并不一定就是由较高的市场一体化水平引起的，也有可能是一些其他的相关因素导致了较高的同步性。

（5）问卷调查法。该方法的核心内容主要考虑如何设计调查问卷，只有在充分了解有关市场分割的具体表现形式、手段、方法和影响的基础之上，才能进一步将所了解的内容细化为具体问题，并针对上述的内容给出相应的备选答案，给予受访对象充分的选择余地（邱龙彬，2013）。周国红和楼锡锦（2007）通过问卷调查和访谈相结合的形式综合考察了长三角区域经济一体化的变化特点，研究发现，长三角区域内的相关企业已开展较为广泛的交流与合作，但是缺乏从总体上的协调，还需要进一步的加强。汪伟全（2010）基于问卷调查与统计的方法，实证研究了阻碍长三角区域经济一体化进程的有关因素。易凌和林建原（2011）基于问卷调查方法对长三角区域内两省一市展开研究，研究发现，法规政策冲突已经成为阻碍长三角区域经济一体化的重要影响因素。张文等（2011）基于其所在的课题组对农村劳动力外出就业问卷调查的一系列数据，实证考察了制约我国城乡劳动力市场一体化的有关因素，研究发现，在人口就业和社会保障等方面存在的城乡分割体制性障碍依然是最为主要的制约因素。罗来军等（2014）发现，目前在怀柔出现的双向城乡一体化还属于萌芽阶段。

问卷调查法被广泛地应用于研究各类问题，该方法存在以下几个方面的优点：第一，能够较全面地、及时地反映被调查对象的问题，提供较准确的相关信息，因此就能够更加接近事实真相，使得到的结果更具有说服力（李善同等，2004；吕鹏，2008）；第二，具有比较灵活的选择方式，不受地域、时间等因素的限制。但是问卷调查法同样也存在一定的缺陷，如需要花费大量的时间和经费参与问卷调查，而且还需要得到研究对象的高度配合，这对于目前很多学者来说都是比较困难的。

2.2.2 市场一体化影响因素

在通过采用不同的方法对中国国内市场一体化进行衡量以及对其变化的趋势进行考察后，有许多的学者也逐渐对中国国内市场一体化的影响因素进行了探讨，主要包括地方保护、对外开放等。一方面地方保护与市场分割不利于在全国形成一个大的统一市场，降低了区域资源配置效率（余东华和刘运，2009）。白重恩等（2004）的研究也认为，由于存在如地方保护主义等相应的壁垒，就难以在区域间实现自由贸易，最终导致市场分割。行伟波和李善同（2012）实证考察了地方保护主义与中国省际贸易之间的关系，研究发现，地方保护主义对于全国市场一体化极为不利。多年来，由于中国政府持续努力建设国内一体化市场，虽然使中国市场分割水平在一定程度上有所下降，但是在各个地方保护下所形成的市场分割、贸易壁垒一直存在（罗小芳，2019）。在部分学者看来，地方政府之所以实行地方保护性政策的主要原因在于想要提高本地区在区域分工中地位，从而使自身有机会实现对发达地区的赶超（陆铭等,2004)。另一方面对外开放也是影响中国地区市场一体化水平的重要因素,自改革开放以后,中国对外开放水平不断提升,从而使沿海发达地区在国际市场的助推下实现了规模经济,但是随着这一进程的不断深入,国内市场却遭到了忽视(钟昌标,2002)。刘刚(2018)的研究发现,外资开放显著地促进了中国国内市场分割,而贸易开放因素则与之相反,即贸易开放显著地抑制了中国国内市场分割。同时,陈敏等(2008)重点考察了经济开放与市场分割两者之间的关系,研究发现,经济开放与市场分割的关系存在拐点。而任志成等(2014)的研究佐证了上述观点,研究发现,贸易开放与中国国内市场分割并非简单的线性关系,两者之间具有一定的非线性关系。然而,宋书杰(2016)的相关研究与上述观点有些不同,认为两者没有相关关系。

2.2.3 市场一体化的经济增长效应

资源有效配置能够促进总量生产率水平增加,是推动经济快速发展的重要途径,然而,市场分割不仅通过地方保护等壁垒来扶持本地区的低效率企业,同时又还会进一步限制效率相对较高企业的规模经济效应,从而使生产率分布差异度增大,最终使资源配置不合理(王磊和邓芳芳,2016)。因此,近年来,许多学者逐渐开始关注市场一体化(或市场分割)对经济增长的影响效应(宋冬林和范欣,2015)。对于两者关系研究的主要观点出现了以下几种不同的研究结果。

一方面,市场一体化能够促进经济增长(黄新飞等,2013),毛其淋(2012)通过建立数理模型研究了国内市场一体化与出口技术水平两者之间的关系,研究发现,市场一体化可以正向影响中国地区出口技术水平,并且在金融发展水平相对较高的地区,这一现象就越发明显。黄新飞等(2012)基于ASW的理论框架并利用1992~2009年的面板数据,研究发现,经济一体化水平越高则越能够带动海峡两岸的经济增长。沈琳浩(2015)基于京津冀城市群1994~2013年的面板数据测度其市场一体化水平,并进一步实证考察了其经济增长效应,研究发现,从现阶段来看,"京津冀"城市群的商品市场一体化有利于经济增长。李雪松等(2017)的研究也证实了这一观点,总体来看,区域一体化有力地促进了长江经济带的技术进步。王晓芳等（2019）分别从五个渠道研究了市场一体化水平对全要素生产率的影响，研究发现，区域市场一体化能够显著地促进全要素生产率水平的提升。钟甘霖（2019）基于2000～2015年的面板数据实证考察了粤港澳大湾区市场一体化与经济增长的关系，研究发现，市场一体化能够显著地促进粤港澳大湾区经济增长。景维民和张景娜（2019）发现，市场分割对经济增长有着显著的负向影响。Orlowski（2020）研究了欧盟资本市场一体化与经济增长之间的关系，研究发现，欧盟资本市场一体化水平的提升能够积极地促进实际GDP的增加。

另一方面，研究认为市场一体化不一定会促进经济增长。Edison等（2002）基于57个国家的金融一体化相关数据研究发现，国际金融一体化并不能加速经济增长。陆铭和陈钊（2009）基于大多数的观察点所得到的情况后可知，市场分割不仅不会阻碍经济增长反而更加有利于本地的经济增长。

此外，还有相关研究认为市场一体化对经济增长的影响是非线性的（徐保昌和谢建国，2016）。龙志和等（2012）在测度商品市场一体化水平的基础上，实证考察其经济增长差异效应，研究发现，商品市场一体化的经济增长效应存在拐点，待商品市场一体化水平超过某一临界值时，其产生的经济增长效应就会出现截然相反的情况。丁振辉和刘漫与（2013）基于京津冀城市群1996～2011年的面板数据实证考察了两者之间的关系，研究发现，京津冀市场一体化和经济增长之间存在正向互动关系。此外，Ke（2015）基于中国1995～2011年的样本数据，测度了商品市场一体化水平，并实证考察了其与经济增长的互动效应，研究发现，商品市场对内开放和地区经济增长之间存在相互影响的相关关系。孙博文等（2016）等基于1997～2014年长江经济带省际面板数据研究了两者的互动关系，也得到了上述这一类似的结论。

2.3 有关绿色发展效率的研究

绿色发展效率既考虑了传统的投入产出又兼顾了非期望产出，是绿色发展的重要指标（胡安军等，2018）。从目前的研究来看，已有不少学者对绿色发展效率进行了深入探讨，这些成果为本书的研究提供了有益参考，已有研究主要关注以下几个方面的内容。

2.3.1 绿色发展效率测度

目前有关绿色发展效率方面的研究主要集中在以下两个方面。

第一，国内外相关研究主要采用综合指标来评价绿色发展效率。李晓西等（2014）基于12个元素指标测量了123个国家绿色发展指数，其所做的研究能够为中国和世界的可持续发展提供有益的参考。张欢等（2016）从三个维度构建了相应的绿色发展指标体系，实证测度了湖北省各个地级市的绿色发展水平，研究发现，湖北省内各个地级市的绿色发展水平存在一定程度的空间关联效应。陈祖海和丁莹（2020）采用中国民族地区2007~2017年24个指标测度了相应的绿色发展水平，研究发现，在中国民族地区绿色发展水平相较以前有大幅的提升。巩前文和李学敏（2020）实证考察了中国2005~2018年农业绿色发展水平，研究发现，中国在这一时期推进农业低碳生产取得了初步成效。张旭等（2020）在DPSIR模型的基础之上构建了相应的绿色发展评价指标体系，并且采用熵权法对其进行了测度，研究发现，中国绿色发展水平在2013~2017年这一时期呈现上升趋势。Fang等（2020）通过构建30个指标体系测度长三角城市群绿色发展水平，整个长三角城市群绿色发展水平已逐步提升。Li等（2020）从生活环境、污染物处理与利用、生态效率、经济增长和创新潜力五个方面构建了绿色发展评价指标体系，并基于S-type方法来评估京津冀城市群内13个地级市的绿色发展水平，研究发现，京津冀城市群各地级市污染物治理利用水平较高，而其他四个方面似乎缺乏协调。Wang等（2021）基于经济、环境和健康三个维度的视角建立了绿色评价指标体系，研究发现，大多数公司的绿色发展水平仍处于较低水平，而中国公司的绿色发展水平则逐年上升。Wang等（2021）首次利用熵值TOPSIS模型和Theil指数揭示了中国三大城市群工业绿色发展的差异，研究发现，从城市群来看，珠三角城市群产业绿色发展水平最高，其次是京津冀城市群，而长三角城市群绿色发展水平最低；从城市来看，北京、上海、深圳的工业绿色发展水平最高。

第二，相较于李晓西等（2014）、Fang等（2020）通过构建综合评价指标体系的做法而言，现有研究大多主要采用DEA模型、非期望SBM模型以及三阶段DEA模型等方法来测度绿色发展效率（杨斌，2009；刘阳和秦曼，2019；Zhu et al.，2020）。其中，有关DEA方法方面，卢丽文等（2016）从四个维度出发构建了绿色发展效率的评价体系，从而测量了长江经济带108个地级市及以上城市的绿色发展效率水平，研究发现，就整体情况而言，其绿色发展效率水平还处在一个相对较低的水平，但是已经呈现出逐年向好的趋势。王婧和杜广杰（2020）采用全局DEA的方法测度了中国285个地级市及以上城市的绿色发展效率水平，研究发现，从整体来看，中国城市绿色发展效率水平呈现逐年上升趋势。Wu等（2020）从资源再分配的角度测量了中国绿色发展效率，研究发现，长三角、珠江三角洲等经济发达地区的技术效率较高，这些地区具有很强的环境意识，其政府有更多的资金和劳动力来投资于节能和环保行动。有关非期望SBM模型方面，Tao等（2016）以模型实证考察了中国各省区市的绿色经济效率水平后认为，中国各省区市绿色发展方面极为不均衡，还存在较大的区域差异。车磊等（2018）从Super-SBM模型出发，测度了中国2005~2015年的绿色发展效率，研究发现，在考察期内中国绿色发展效率呈现出波动式的发展。黄磊和吴传清（2019）也实证考察了长江经济带城市群内各地级市及以上城市的工业绿色发展效率水平，研究发现，这一水平值在2011~2016年考察时期内表现出明显的上升趋势。高赢（2019）以中国八大综合经济区为研究对象，分别测度了其绿色发展绩效水平，研究发现，从整体上来看，中国八大综合经济区绿色发展绩效水平相对较低，而且八大综合经济区内有关绿色发展方面的相互协同也还比较弱。Zhao等（2020）的研究也认为，就目前而言，中国绿色经济效率水平总体较低，区域之间存在显著的差异。Chen等（2020）从能耗和非期望产出的视角出发，并利用SBM模型对中国2007~2015年198个城市的工业用地绿色效率（ILGE）进行了评价，研究发现，所有城市自2007年以来平均ILGE逐渐下降，而在2013年降至最低值。有关三阶段DEA模型方面，邓波等（2011）利用该方法考察了中国2008年区域生态效率，研究发现，第三产业占比越高、平均受教育年限越长则会显著地促进区域生态效率水平的提升，而环保财政支出这一因素则没有表现出明显的作用。吕小明和黄森（2017）基于中国 2010～2014 年中国 30 个省区市的面板数据，并且利用该测度方法实证考察了各省区市旅游业绿色发展效率，研究发现，就区域差异而言，仅东部地区的旅游绿色发展效率达到最优状态，中西部地区则未能达到最优。盖美和张福祥（2018）采用三阶段 DEA 模型测度了各地级市的碳排放效率，研究发现，辽宁省各市的碳排放效率存在较大差异性。刘钊（2019）基于同样的测度方法，并对中国区域绿色投资生态效率进行实证分析，研究发现，就目前情况而言，中国各省区市绿色投资生态效率总体水平仍然处在较低水平。孙亚男和杨名彦（2020）则以三阶段 SP-DEA 实证考察了中国各省区市的绿色 TFP 增长，研究发现，在考察期内中国省际绿色 TFP 总体呈现出增长趋势。景晓栋等（2020）基于该测度方法对中国各省区市生态环境效率进行了实证考察，研究发现，该模型所测度的效率值相较于传统的模型更加合理。

2.3.2 绿色发展效率影响因素

现有文献主要聚焦在产业集聚、金融集聚以及环境规制等方面对绿色发展效率的影响展开研究。

第一，有关产业集聚与绿色发展效率方面。在产业集聚发展过程中必然会出现大量的物质能量流动，因此，这会在某种程度上对产业绿色发展能力产生极大影响（黄磊，2021），然而现有关于产业集聚对绿色发展效率影响研究的观点主要可以概括为以下三点：第一种观点认为产业集聚能够正向地影响绿色发展效率。例如，胡安军等（2018）的研究就认为，高新技术产业集聚能够显著地促进地区绿色经济效率。郭艳花等（2020）基于吉林省限制开发区 2011～2015 年的面板数据，实证考察了两者之间的相关关系，研究发现，适当的产业集聚有利于提高绿色发展效率水平。第二种观点认为产业集聚阻碍了绿色发展效率。例如，Guo 等（2020）基于中国东北 34 个城市 2003～2016 年的面板数据，实证考察了两者之间的关系，研究发现，在国家实施东北振兴战略这一时期，产业集聚阻碍了绿色发展效率。第三种观点认为产业集聚与绿色发展效率之间存在非线性关系。例如，岳书敬等（2015）实证考察了两者之间的关系后认为，两者之间的关系并非线性的，而是呈"U"形关系，与之类似观点的还有姬志恒等（2020）以及 Chen 等（2020）相关学者的研究。

第二，有关金融集聚与绿色发展效率方面。由于金融集聚具备较强的配置功能，且其是中国经济和社会绿色转型的关键途径（Yuan et al., 2020），这就使其在现代经济系统中占有举足轻重的地位。因此，许多学者对金融集聚如何影响绿色发展产生了浓厚的兴趣（刘耀彬等，2017）。例如，有的学者认为金融集聚可以通过技术创新、产业结构及节能减排三个方面的渠道来提升城市绿色经济效率（施本植等，2018）。还有学者认为金融集聚基于资本支持和配置效应以及企业监督效应、绿色金融效应等四大效应，在有效降低环境污染等非期望产出的同时，还能有效增加经济效益等期望产出（黄健欢等，2014）。王锋等（2017）在测度了中国30个省区市金融集聚与绿色经济发展水平的基础之上，实证考察了两者之间的影响关系，研究发现，金融集聚能够通过优化配置资源，提高技术水平，进而促使地区产业实现转型升级，最终促进区域经济发展。持类似观点的研究还有 Yuan 等（2019），其基于空间溢出的视角出发考虑了金融集聚对环境的影响，研究发现，金融集聚能够有效促进城市的绿色发展。然而对于金融集聚与绿色发展效率影响的研究也还存在其他观点，有的学者认为金融集聚对绿色发展效率的影响存在门槛效应，如果金融集聚超过一定的门槛值后，那么其对城市绿色发展效率产生的影响就不再显著（胡宗义和李毅，2019；张钟元等，2020），而 Tian 等（2021）的研究也得到了类似的观点。

第三，有关环境规制与绿色发展效率方面。环境的负外部性使仅仅依靠市场机制难以实现绿色可持续发展，此时，政府通过从外部对企业施加一定的压力，这就可以倒逼企业通过绿色技术创新和产业结构升级两个途径促进经济的绿色转型，这是一种有效的外在驱动机制（张小筠等，2020；Du et al., 2021）。张江雪等（2015）在构建了中国30个省区市"工业绿色增长指数"基础之上，实证考察了环境规制对其的影响，研究发现，行政型和市场型环境规制能够显著地促进中国30个省区市的工业绿色增长。此外，张英浩等（2018）利用中国各省区市2000~2015年的样本数据，通过对所构建的模型进行实证回归验证了两者之间的关系后认为，环境规制与绿色经济效率两者之间是呈倒"U"形关系。Yuan 等（2018）研究认为，从长远来看，环境规制只是在阻碍劳动生产效率时提高了能源效率，这不能为波特假设提供有力支持。

2.4 市场一体化与绿色发展效率

目前，学术界关于两者的研究已经有了一定的积累，主要从以下两个方面展开研究。

第一，有关市场分割与绿色发展方面。由于资源禀赋不同以及产业在区域间分布不协调，中国各区域存在较为明显的市场分割现象（黄新飞等，2014）；分割的市场会阻碍产品和要素在地区间的自由流动，促使资源无法在地区间得到合理配置，进而导致资源错配等一系列问题（阚大学和吕连菊，2016）；一旦地区间产品和要素无法实现自由流动，将会造成经济效率损失以及带来更为严重的环境污染问题（师博和沈坤荣，2008），而破除市场分割将带来绿色增长效率的提高（孙博文，2018）。张德钢（2018）实证考察了市场分割对碳排放效率的影响，研究发现，在整个考察期间，市场分割严重阻碍了中国各省区市的碳排放效率。Shao 等（2019）研究了中国市场分割和城市二氧化碳排放的关系，研究发现，市场分割与城市二氧化碳排放之间存在"U"形曲线关系，当市场分割程度较低时限制了二氧化碳的排放，而当市场分割程度较高时则增加了二氧化碳的排放。此外，Bian（2019）基于资源分配不当的视角考察了市场分割对环境污染的影响，研究发现，市场分割对环境污染有显著的恶化影响，同时，市场分割严重加剧了劳动力和资本资源的分配不当，这也是导致环境污染的一个重要因素。陈芳和史慧敏（2020）实证检验了市场分割对长江经济带能源环境效率的影响，研究发现，市场分割对能源效率环境的影响是非线性的，呈显著的倒"U"形。

第二，有关市场一体化与绿色发展方面。近几年，随着区域市场一体化对于深化地区分工以及推动跨区域环境治理合作越来越重要，市场一体化的环境效应也逐渐引起了一些学者的关注（孙博文，2018；张可，2019），学者们的研究主要聚焦在市场一体化对碳排放、环境污染以及环境质量等方面的影响。例如，贺祥民等（2016）认为，区域一体化能够在很大程度上有效降低长三角城市群内各省市的污染排放程度。黎文勇等（2018）基于市场化视角，从理论和实证方面考察了市场一体化对碳排放效益的影响，研究发现，市场一体化发展能够显著地促进区域碳排放效益的提升。张可（2018）也实证考察了区域一体化的环境效应，研究发现，区域一体化程度的加深显著地促进了城市间的减排。Zhang等（2020）基于中国长三角城市群内18个地级市及以上城市2007~2016年的面板数据，实证考察了市场一体化对环境质量的影响，研究发现，当市场一体化超过某一临界水平时，市场一体化将对二氧化硫、工业废水、工业烟尘这三种污染物产生减排影响。龚新蜀等（2021）分别从不同的视角实证检验市场一体化对中国环境质量的影响，研究发现，市场一体化极大地改善了本地的环境质量，但是对周围地区的环境质量则不具有显著影响。此外，胡艳和张安伟（2020）就长三角城市群区域一体化的生态优化效应展开研究，研究发现，在早期阶段，其未能产生明显的生态优化效应，而随着区域一体化水平的提升，其对生态环境会产生显著的正向影响。

2.5 有关长三角城市群的研究

以长三角城市群为特定研究对象的相关研究，正伴随长三角城市群区域一体化战略的不断深入而不断涌现。

一是聚焦长三角城市群市场一体化与绿色发展效率测度相关的研究。例如，从市场一体化测度的研究来看，李琳和彭宇光（2017）基于长三角城市群1999~2013年的面板数据，实证考察了长三角城市群一体化水平，研究发现，在考察期内长三角城市群市场一体化水平呈现出逐年上升的趋势。武英涛等（2019）从企业债务融资成本的角度出发，并且采用一价定律的方法实证考察了长三角城市群金融市场一体化，研究发现，在少数城市之间已经破除了行政边界壁垒，但大多数城市还是存在行政壁垒且这种壁垒还呈现出递增的趋势，进一步说明长三角城市群内金融市场一体化进程仍然很缓慢。持类似观点的还有杨凤华和王国华（2012）的研究认为，从整体来看，长三角城市群商品市场一体化发展要远远好于要素市场一体化的发展。从绿色发展效率的研究来看，李琳和刘莹（2015）基于DEA方法并利用长三角城市群2000～2012年的面板数据，对其绿色效率进行了动态评估与比较，研究发现，长三角城市群的绿色效率水平较高，但城市群内各城市发展还十分不均衡。祝丽云等（2018）利用长三角城市群2013～2015年的面板数据，并运用SBM模型测度了其绿色经济效率，研究发现，在考察期内长三角城市群内大多数城市的绿色经济效率呈现上升趋势。田时中和丁雨洁（2019）基于极值熵值法系统测度了长三角城市群内26个地级市及以上城市的绿色化指数，研究发现，长三角城市群各城市2007～2016年这一考察期内绿色化水平逐年上升。张婕等（2020）和吴洁等（2020）测度了长三角城市群绿色发展效率水平，他们的研究均认为，长三角城市群内各城市的绿色发展水平存在极大差异，空间分布不均衡。此外，Tan等（2021）基于SBM模型实证考察了长三角城市群内25个城市2004～2015年土地绿色利用效率的时空模式和动态演化，研究发现，长三角城市群土地绿色利用效率在2004～2015年这一考察期内呈现上升趋势。

二是围绕长三角城市群绿色发展效率影响因素的相关研究。当前对长三角城市群的绿色发展效率驱动因素进行实证考察的研究相对较少，仅有少数学者做了相关的研究，例如，张新林（2019）基于城镇化、工业结构以及外商投资等不同的角度来分析了长三角城市群工业生态效率的影响因素，研究发现，长三角城市群本地城镇化水平越高反而会抑制邻近其他城市工业生态效率的提升，但是长三角城市群本地科技投入和经济发展水平越高则可以显著地促进邻近其他城市工业生态效率的提升。滕堂伟等（2019）基于科技创新的视角出发，并实证考察了其与绿色发展的耦合协调关系，研究发现，从整体上来看，两者之间的耦合度呈逐年上升趋势，但是在整个长江经济带内还存在极大差异，可以明显地发现长三角城市群内的协调度明显高于长江经济带其他城市群。张棪和胡艳（2020）利用长三角城市群41个城市2000～2018年的面板数据，实证考察了人力资本对绿色全要素生产率的影响，研究发现，从整体的回归结果来看，创新型人力资本投入的增加抑制了长三角城市群绿色全要素生产率水平的提升。陈立泰等（2020）基于产业结构变迁的视角实证考察了其对生态效率的影响，研究发现，从整体情况来看，产业结构变迁能够显著地促进长江经济带生态效率，且在长三角城市群内还存在空间溢出效应。

2.6 研究评述

通过对现有文献的梳理，发现已有研究尽管取得了一定的阶段性进展，并且也为本书后续的研究奠定了理论基础和逻辑的起点，但是上述研究也忽略了以下几个方面：一是有关市场一体化与绿色发展效率的研究，大部分学者关注的是市场一体化的经济增长效应，少部分学者关注了市场一体化的环境效应，但绿色发展是不仅实现经济增长还兼顾资源节约与环境友好，鲜有文献聚焦市场一体化对绿色发展效率的影响，更缺乏聚焦于长三角城市群市场一体化影响绿色发展效率理论和实证方面的相关研究，因此，还有待于进一步解开市场一体化对绿色发展效率影响的"黑箱之谜"。二是在传导机制方面，现有研究忽视了一个重要的问题，即市场一体化主要通过什么样的途径来影响绿色发展效率，现有的研究未能提供一个完整的理论框架来回答上述提出的问题。现有研究大多基于实证模型对两者进行经验研究，未能从理论模型出发探讨市场一体化与绿色发展效率的内在机制。三是在绿色发展效率现状的分析上，有少数学者探讨了中国绿色发展效率的区域差异，但鲜有文献探讨绿色发展效率的时空差异来源以及存在区域差异的主要原因，更是鲜有文献基于国家一体化发展战略与绿色发展战略的视角对绿色发展效率的区域分布格局和时空动态演变进行深入研究。因此，选择既能测度城市群绿色发展效率水平的时空差异及来源又能反映其动态演变趋势及其空间关联性特征的研究方法尤为必要。四是考虑到长三角城市群内城市众多，且在资源要素禀赋、区位条件以及政策措施等方面具有明显差异的事实，现有多数研究还忽略了存在的区域空间异质性。

因此，为了弥补现有研究存在的不足之处，本书拟从以下几个方面展开研究。首先，基于 SBM 展开了对长三角城市群绿色发展效率的科学评价研究；其次，采用 Dagum 基尼系数方法考察长三角城市群绿色发展效率的区域差异，并利用 Kernel 密度估计和 Markov 链分析长三角城市群绿色发展效率的动态演进过程,利用修正的引力模型和社会网络分析方法深入分析了长三角城市群绿色发展效率的空间关联网络特征,实证研究了长江经济带城市群综合承载力的时空差异特征;再次,基于理论模型构建了市场一体化与绿色发展效率研究框架,并进一步实证考察了两者之间的关系;最后,从不同发展阶段、地区差异等方面分别验证了两者之间的关系,能够更加全面地反映市场一体化对绿色发展效率影响的空间分异特征。

第 3 章

长三角城市群绿色发展效率的
时空特征分析

本章在文献回顾的基础上，结合现有的研究，针对第 1 章提出的三个亟待解决的问题，即：一是长三角城市群内各城市绿色发展效率水平是否存在差异？二是现阶段长三角城市群不同时期绿色发展效率水平遵循怎样的演进特征与演变路径？三是长三角城市群绿色发展效率是否存在空间关联？对于上述这三个问题，本章都将一一作出解答。本章通过搜集整理 2004~2018 年长三角城市群 38 个城市的数据，采用 SBM 方法测算长三角城市群各城市的绿色发展效率水平。在审慎测算绿色发展效率水平的基础上，利用 Dagum 基尼系数分析方法分析绿色发展效率的区域差异，并利用 Kernel 密度估计和 Markov 链分析绿色发展效率的动态演进过程，最后利用修正的引力模型和社会网络分析方法刻画并解构长三角城市群绿色发展效率的空间关联网络特征。本章的研究可以为长三角城市群实现区域经济绿色协调发展提供现实依据。

3.1 长三角城市群绿色发展效率测度

3.1.1 测算方法

Charnes 等（1978）首次提出 DEA 方法之后，该方法就被大多数学者广泛运用于效率指标的测度中，并且已成为评价相对效率的主要方法。然而，传统的 DEA 方法在评价决策单元效率时往往忽视了松弛变量所带来的影响，同时也未能考虑非期望产出，从而会引起测度的效率结果出现一定的偏差（Khan et al.，2021）。就这些不足，Tone（2001）又提出了非径向和非角度的 SBM（Slacks-Based Measure）模型。此后，为了可以更全面地考虑投入、产出、污染三者之间的联系，Tone（2003）又提出了加入非期望产出的 SBM 模型，从而不仅能够有效避免投入产出松弛性的问题，还能进一步处理在将污染排放等作为非期望产出存在下的效率评价问题。因此，SBM 模型也被学者们广泛运用于生态效率、工业用水效率以及能源效率等领域。

因此，本书参照 Li 和 Hu（2012）的做法，选择 SBM 模型所测度的最终变量来表示长三角城市绿色发展效率。其中，在 SBM 模型里面包含 n 个决策单元，而上述的投入变量（即 $x \in R^m$）、期望产出变量（即 $y^g \in R^{s_1}$）以及非期望产出变量（$y^b \in R^{s_2}$）都会包含在模型的每个决策单元中。

X 为投入变量所表示的矩阵（X > 0），$X = [x_1, x_2, \cdots, x_n] \in R^{m \times n}$，$Y^g$ 为期望产出变量所表示的矩阵（$Y^g > 0$），$Y^g = [y^{g_1}, y^{g_2}, \cdots, y^{g_n}] \in R^{s_1 \times n}$，$Y^b$ 为非期望产出变量所表示的矩阵（$Y^b > 0$），$Y^b = [y_1^b, y_2^b, \cdots, y_n^b] \in R^{s_2 \times n}$，其中 m、$s_1$ 以及 s_2 分别表示投入、期望产出和非期望产出的数量。绿色发展效率测度模型具体如下：

$$\text{green-eff} = \frac{1 - 1/m \sum_{i=1}^{m} \frac{s_i^-}{x_{i0}}}{1 + (1/s_1 + s_2)\left(\sum_{r=1}^{s_1} \frac{s_r^g}{y_{r0}^g} + \sum_{r=1}^{s_2} \frac{s_r^b}{y_{r0}^b}\right)} \quad (3.1)$$

$$\text{s.t.} \quad x_0 = X\lambda + s^- \quad (3.2)$$

$$y_0^g = Y_g\lambda - s^g \quad (3.3)$$

$$y_0^b = Y_g^b + s^b \quad (3.4)$$

$$\lambda \geq 0, s^- \geq 0, s^g \geq 0, s^b \geq 0 \quad (3.5)$$

其中，green-eff 表示绿色发展效率变量，λ 表示权重，s_r^g 模型中的期望产出变量，s_r^b 表示模型中非期望产出变量。

3.1.2 指标选取

结合前面对 SBM 模型的分析，测度长三角城市群城市绿色发展效率主要在于选择合适的投入产出指标，根据绿色发展的相关理论，可将其投入指标分为非资源和资源两个方面。其中非资源类投入主要包含资本以及劳动两种，资源投入种类的选取根据各学者的研究而稍显不同。采用能源消耗作为资源投入的研究较多，如钱争鸣和刘晓晨（2014）、张英浩等（2018）、胡安军等（2018）、彭继增等（2019）以及高赢（2019）。另外，张文博等（2017）选取土地、水、能源三种作为资源投入。方杏村等（2019）用社会用水总量和社会用电总量来代表资源投入。按照 SBM 模型的要求，产出包含期望产出和非期望产出两个方面，其中，期望产出则是以 GDP 衡量的经济增长，而非期望产出则是以排出的废物为代表的环境污染，如工业"三废"和二氧化碳等。

根据前面的分析，并结合数据可得性原则，本书构建了绿色发展效率的测度指标体系，如表 3.1 所示，具体如下：非资源投入指标主要包括资本、劳动力、建成区面积、建成区绿化覆盖率。其中，①资本投入：用固定资产代替资本存量的方法，采用全社会固定资产投资额作为资本投入量；②劳动投入：采用全社会就业人数，即城镇单位就业人数、（私营/个体）就业人数的加总数来衡量；③资源投入：采用天然气和液化石油气供应量来衡量；④期望产出：用长三角城市群群内各城市当年国内生产总值（GDP）表示；⑤非期望产出：用工业废水、工业二氧化硫、工业烟尘以及碳排放表示。

表 3.1　　　　　　　　绿色发展效率的指标体系

投入	资本
	劳动力
	建成区面积
	建成区绿化覆盖率
	天然气和液化石油气供应量
期望产出	GDP
非期望产出	工业废水
	工业二氧化硫
	工业烟粉尘
	碳排放

3.1.3 研究对象与数据来源

由于 2019 年正式出台的《长江三角洲区域一体化发展规划纲要》涵盖了长三角城市群内 41 个城市,其中,鉴于安徽省的六安市、池州市以及江苏省的淮安市缺失数据较多,本书最终研究对象为长三角城市群 38 座城市。本书研究时间跨度为 2004~2018 年,选取 2018 年作为研究的时间终点是因为当前各省区市统计年鉴的最新公开年份是 2020 年,也即是各城市 2019 年的实际指标,但由于 2019 年有相当多的城市数据缺失,因此,本书将实际年份定在 2018 年。所需数据主要来源于国泰安数据库,以及《中国城市统计年鉴》《中国城市建设统计年鉴》《中国区域经济统计年鉴》,同时部分数据还使用了长三角城市群各省级和地级市历年统计年鉴和统计公报。此外,对于长三角城市群内某些城市数据存在个别的缺失值,本书采用插值法进行处理。

3.2 长三角城市群绿色发展效率的区域差异及其分解

3.2.1 长三角城市群绿色发展效率的空间分布特征

为了更加直观地刻画长三角城市群各城市绿色发展效率的时空分异特征,本书基于地市级层面依次绘制了 2004 年、2009 年、2014 年以及 2018 年长三角城市群 38 座城市绿色发展效率的地区分布图。从图 3.1 可以看出,2004~2018 年,长三角城市群绿色发展效率呈现出非均衡的状态,各城市之间绿色发展效率水平存在很大的区别。综合来看,2004 年,长三角城市群绿色发展效率水平最高的城市是浙江省的温州市,其绿色发展效率水平值达到了 0.9971;其次是江苏省的镇江市和泰州市,绿色发展效率水平值分别达到了 0.9948 和 0.9947;绿色发展效率水平最低的城市是安徽省的铜陵市,其值仅为 0.4519,各城市绿色发展效率水平差距明显。从 2009 年的地图来看,相较于 2004 年,长三角城市群大多数城市绿色发展效率水平出现了小幅度的上涨,绿色发展效率水平在0.7或者以上的城市明显多于2004年。从2014~2018年的地图来看，长三角城市群大多数城市绿色发展效率水平值有了显著的提高，2014年绿色发展效率水平值超过0.8的城市达到了21座，而2018年绿色发展效率水平值超过0.8的城市甚至高达28座。其可能的原因在于，在这一时期国务院印发了《长江三角洲城市群发展规划》，这极大地有利于实现长三角城市群产业合理分工，优化各城市的产出结构，并且可以实现生态环境的协同治理，进而大幅度提升长三角城市群各城市绿色发展效率水平。

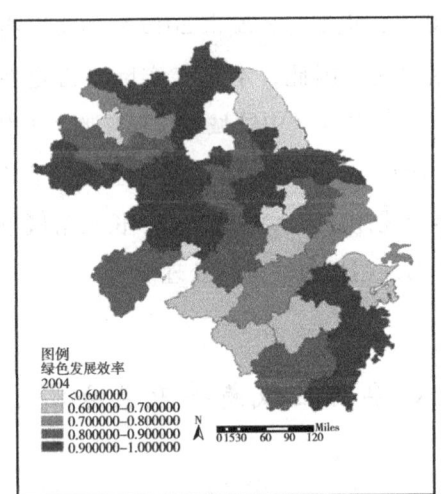
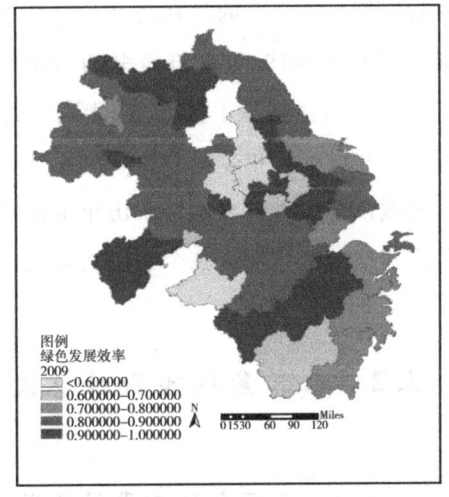
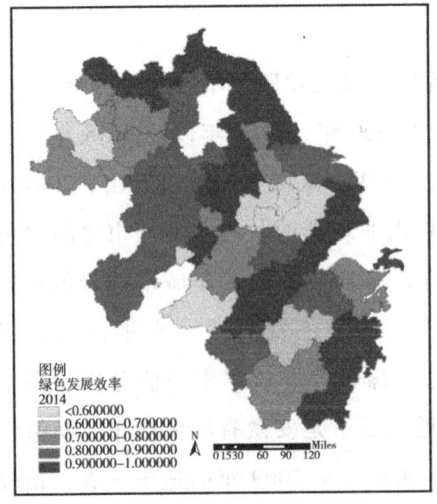
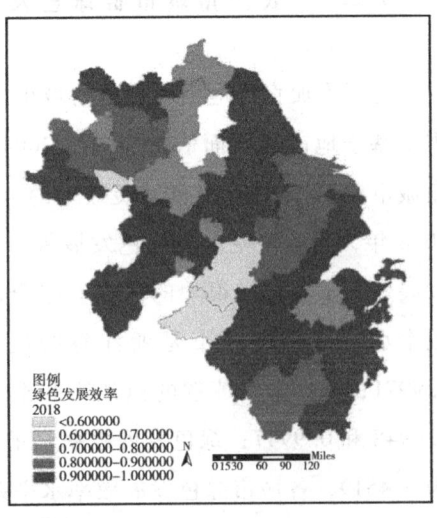

图3.1 2004~2018年长三角城市群各城市绿色发展效率

从省际层面来看，本书选择将长三角城市群各城市绿色发展效率取平均值得到相应省市的绿色发展效率水平值。图3.2描绘了历年长三角城市群各省市绿色发展效率的变动过程。概况地看，长三角城市群总体、上海市、浙江省、江苏省以及安徽省绿色发展效率均出现了"上升—下降—上升—下降"的"M"型波动趋势。同时，绿色发展效率水平在各省市之间存在明显的差异。江苏省绿色发展效率平均水平大多年份处于领先地位，且大多数年份也高于同期长三角城市群总体绿色发展效率平均水平。上海市则在前期绿色发展效率水平值相对较低，2014年以后，其绿色发展效率水平值持续上升，至2018年已位居长三角城市绿色发展效率水平第一。浙江省绿色发展效率水平大多数年份也高于同期长三角城市群总体绿色发展效率水平的平均值，且与同期江苏省绿色发展效率水平相近，安徽省绿色发展效率大多数年份均处于长三角城市群总体绿色发展效率水平之下。

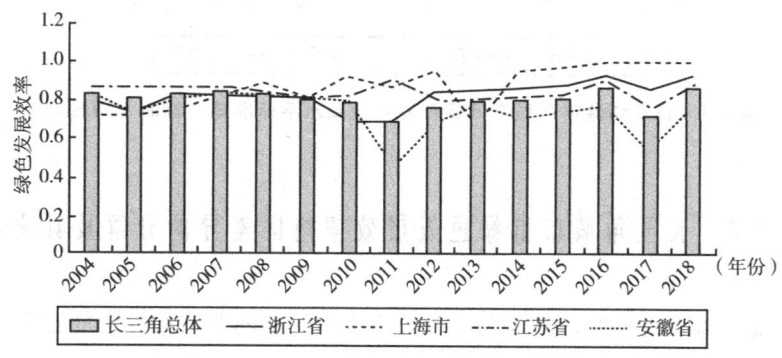

图3.2 2004~2018年长三角城市群各省市绿色发展效率

进一步地，根据行政划分依据，按照省际层面测算长三角城市群内38座城市绿色发展效率水平的标准差，可以动态描述长三角城市群各城市之间绿色发展效率的差距变化，如图3.3所示。由于上海市是直辖市，其绿色发展效率的标准差始终为0，因此本书未将上海市纳入省际对比中。总体来看，浙江省、江苏省以及安徽省各城市2004~2018年绿色发展效率水平表现出鲜明的波动过程，大致由2004~2009年、2009~2011年以及2012~2017年三波段组成，依次呈现出绿色发展效率差距"持续缩小—逐渐扩大—持续缩小"的演变。从省际层面来看，江苏省绿色发展效率水平的标准差多数年份均小于长三角城市群总体标准差,这表明江苏省内部各城市绿色发展效率水平差距相对于其他省市区波动较小。而安徽省多数年份绿色发展效率水平的标准差大于长三角城市群总体标准差,这表明安徽省内各城市绿色发展效率水平差距较大。浙江省内各城市绿色发展效率水平差距变化趋势在 2004～2014 年这一时间段内与江苏省大体相似,2014 年以后,浙江省内各城市绿色发展效率水平差异性快速拉大,并且超过了江苏省。

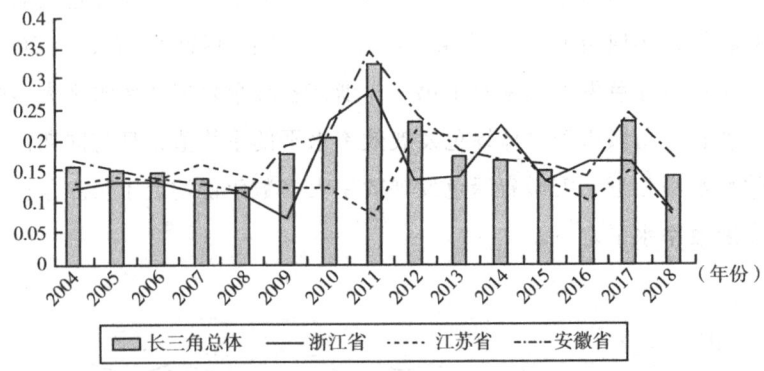

图 3.3　长三角城市群城市间绿色发展效率水平标准差（2004～2018 年）

3.2.2　长三角城市群绿色发展效率地区差异的分解及其来源

从现有的研究来看,对绿色发展效率水平的空间非均衡性测度通常可以采用基尼系数以及泰尔指数等常用指标,但上述方法不能有效解决诸如样本数据的交叉重叠等问题（刘华军和赵浩,2012）。而 Dagum 基尼系数分解在对变量进行描述时,可以对变量的区域内、区域间差距进行分解,不仅能够更加全面反映变量的区域差异问题,同时,也还可以有效解决上述方法所忽略的问题（沈丽等,2019）。因此,本书选择 Dagum 基尼系数分解法来测度长三角城市群绿色发展效率区域差异。其相应的计算公式如下:

$$G = G_\omega + G_{rb} + G_t \tag{3.6}$$

$$G = \frac{\sum_{j=1}^{k}\sum_{h=1}^{k}\sum_{i=1}^{n_j}\sum_{r=1}^{n_h}|y_{ji} - y_{hr}|}{2n^2\mu} \tag{3.7}$$

$$\mu_h \leqslant \mu_j \leqslant \cdots \leqslant \mu_k \quad (3.8)$$

$$G_{jj} = \frac{\frac{1}{2\mu_j} \sum_{i=1}^{n_j} \sum_{r=1}^{n_j} |y_{ji} - y_{jr}|}{n_j^2} \quad (3.9)$$

$$G_\omega = \sum_{j=1}^{k} G_{jj} p_j s_j \quad (3.10)$$

$$G_{jh} = \sum_{i=1}^{n_j} \sum_{r=1}^{n_h} |y_{ji} - y_{hr}| / n_j n_h (\mu_j + \mu_h) \quad (3.11)$$

$$G_{rb} = \sum_{j=2}^{k} \sum_{h=1}^{k-1} G_{jh} (p_j s_h + p_h s_j) D_{jh} \quad (3.12)$$

$$G_t = \sum_{j=2}^{k} \sum_{h=1}^{k-1} G_{jj} (p_j s_h + p_h s_j)(1 - D_{jh}) \quad (3.13)$$

$$D_{jh} = \frac{d_{jh} - p_{jh}}{d_{jh} + p_{jh}} \quad (3.14)$$

$$d_{jh} = \int_0^\infty dF_j(y) \int_0^y (y - x) dF_h(x) \quad (3.15)$$

$$p_{jh} = \int_0^\infty dF_h(y) \int_0^y (y - x) dF_j(y) \quad (3.16)$$

从式（3.6）可以看出，测算出的长三角城市群绿色发展效率总体基尼系数（G）等于长三角城市群内各省市区域内差异贡献（G_ω）、各省市区域间净值差异贡献（G_{rb}），以及各省市超变密度贡献（G_t）三者之和。式（3.7）、式（3.10）、式（3.12）以及式（3.13）分别反映的是长三角城市群绿色发展效率的总体基尼系数（G）、区域内差异贡献（G_ω）、区域间净值差异贡献（G_{rb}）及超变密度贡献（G_t）测算公式。各公式均基于长三角城市群绿色发展效率水平值做了平均处理，因此，Dagum 基尼系数即反映了长三角城市群绿色发展效率水平相对差异的大小及来源情况。式（3.8）依据长三角各省市绿色发展效率指标的均值对其进行了排序。式（3.9）和式（3.11）分别表示长三角城市群各省市区域内基尼系数G_{jj}、区域间基尼系数G_{jh}。其中，$y_{ji}(y_{hr})$为第$j(h)$个省市任一城市的绿色发展效率指标，μ为长三角城市群绿色发展效率指标平均值，n为城市个数，k为省市个数，$n_j(n_h)$为第$j(h)$个省市内部城市个数，$p_j = n_j/n$，$s_j = n_j \mu_j / n\mu$。式（3.14）中D_{jh}为j、h个省市之间绿色发展效率指标的相对影响。式（3.15）中d_{jh}表示区域绿色发展效率指标的差值，可认为长三角城市群第 j、h 个省市中所有 $y_{ji} - y_{hr} > 0$ 的样本值加总的数学期望。式（3.16）中 p_{jh} 为超变一阶矩，表示长三角城市群第 j、h 个省市中所有 $y_{hr} - y_{ji} > 0$ 的样本值加总的数学期望。其中，$F_j(F_h)$ 为长三角城市群中第 $j(h)$ 个省市的累积密度分布函数。

根据上述方法，本书分别测算出了长三角城市群三省一市2004~2018年的绿色发展效率水平的总体变化差异及其来源，并从多个角度对其进行了深入分析。

（1）长三角城市群绿色发展效率水平的总体及区域内差异。

由于上海市作为一个单独的直辖市存在，因此本书没有测度其内部绿色发展效率水平的差异，最终只测度了长三角城市群总体、浙江省、江苏省以及安徽省内部绿色发展效率差异。图3.4反映了2004~2018年长三角城市群总体以及三省内部绿色发展效率水平差异的变化趋势，具体数值如表3.2所示。

由图3.4和表3.2可以看出，长三角城市群绿色发展效率水平总体差异较大，总体的基尼系数分布范围在0.0774~0.1759。长三角城市群总体绿色发展效率水平的基尼系数在2004~2018年出现了"M"型的波动，其阶段性趋势现象尤为明显。其中，2004~2009年，经历了小幅的"上升—下降—上升"的趋势，而2009~2018年则经历了"下降—上升—下降"的变化趋势。就长三角城市群区域内差异而言，长三角城市群内的浙江省、江苏省以及安徽省的绿色发展效率水平在其各自区域内差距位于不同的水平，但是并没有呈现出明显的差异化演变趋势。在2004~2018年考察期间内，安徽省的区域内差异的平均值最大，达到了0.1236；其次是浙江省区域内差异的平均值，达到了0.1059；江苏省区域内差异的平均值则最小，仅为0.0992。因此，由以上数据可以看出，安徽省区域内的绿色发展效率水平值差异最大，浙江省区域内绿色发展效率水平值差异则次之，江苏省区域内绿色发展效率水平值差异最小。此外，2004~2018年，浙江省、江苏省以及安徽省的区域内差异呈现出波动式上升趋势，三省在这段考察期内的区域内差异年均分别增长了0.91%、2.30%和1.55%。显然，尽管江苏省区域内差异平均值在长三角三省中最低，但其差异却有可能存在显著增大趋势，因此，对江苏省绿色发展效率的区域内差异有必要实施更为有效的控制。

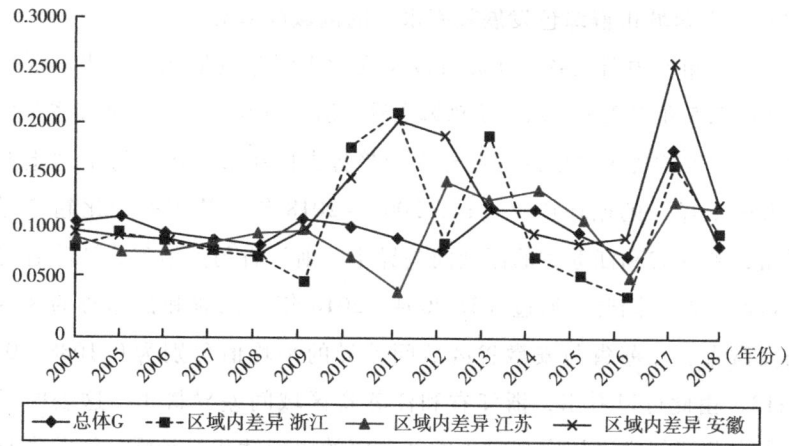

图 3.4　2004~2018 年长三角城市群绿色发展效率总体及区域内基尼系数的变化趋势

表 3.2　2004~2018 年长三角城市群绿色发展效率总体及区域内基尼系数

年份	总体 G	区域内差异		
		浙江	江苏	安徽
2004	0.1069	0.0852	0.0908	0.0980
2005	0.1135	0.0984	0.0809	0.0938
2006	0.0975	0.0909	0.0826	0.0905
2007	0.0897	0.0817	0.0895	0.0826
2008	0.0848	0.0770	0.0956	0.0740
2009	0.1097	0.0529	0.1215	0.0980
2010	0.1031	0.1785	0.0767	0.1487
2011	0.0910	0.2104	0.0415	0.2030
2012	0.0816	0.0879	0.1480	0.1888
2013	0.1223	0.1888	0.1239	0.1218
2014	0.1190	0.0751	0.1386	0.0964
2015	0.0978	0.0590	0.1095	0.0886
2016	0.0774	0.0398	0.0540	0.0935
2017	0.1759	0.1658	0.1301	0.2555
2018	0.0854	0.0968	0.1247	0.1214

(2) 长三角城市群绿色发展效率水平的区域间差异。

长三角城市群中浙江省、江苏省以及安徽省绿色发展效率水平的区域间差异大小如图 3.5 和表 3.3 所示。从总体来看,浙江省与江苏省、浙江省与安徽省以及江苏省与安徽省区域之间的差异变动趋势大体相似,均经历了"上升—下降—上升—下降"的循环往复过程,2004~2018 年,从图的变化趋势可以明显地看出,浙江省和江苏省的区域间差异小于浙江省与安徽省、江苏省与安徽省的区域间差距。同时,通过计算 2004~2018 年浙江省和江苏省的区域、浙江省与安徽省、江苏省与安徽省区域间差异的平均值分别为 0.1088、0.1350 和 0.1413,由此可以看出,浙江省和江苏省区域间差异最小,这表明浙江省和江苏省在共同促进区域实现绿色发展方面的协同性相对较强。江苏省与安徽省区域间差距最大,这也表明两省份之间在共同促进绿色发展方面存在较弱的协同性。

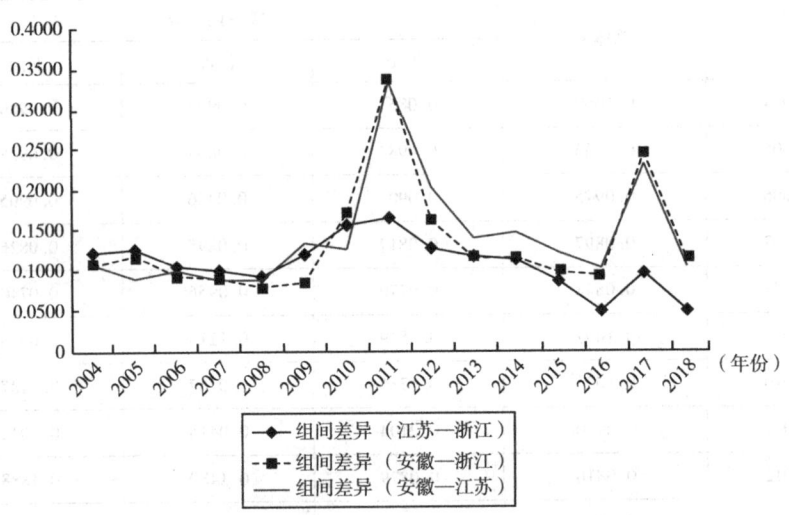

图 3.5　长三角城市群绿色发展效率的区域间基尼系数

表 3.3　　　　长三角城市群绿色发展效率的区域间基尼系数

年份	区域间差异		
	(江苏—浙江)	(安徽—浙江)	(安徽—江苏)
2004	0.1226	0.1063	0.1075
2005	0.1268	0.1190	0.0902

续表

年份	区域间差异		
	（江苏—浙江）	（安徽—浙江）	（安徽—江苏）
2006	0.1053	0.0935	0.1001
2007	0.1002	0.0899	0.0885
2008	0.0927	0.0797	0.0877
2009	0.1203	0.0852	0.1343
2010	0.1563	0.1720	0.1266
2011	0.1654	0.3370	0.3335
2012	0.1279	0.1620	0.2030
2013	0.1178	0.1159	0.1402
2014	0.1139	0.1163	0.1473
2015	0.0866	0.0979	0.1223
2016	0.0496	0.0935	0.1030
2017	0.0965	0.2447	0.2312
2018	0.0499	0.1126	0.1043

（3）长三角城市群绿色发展效率水平的差异及其来源。

长三角城市群绿色发展效率水平的差异来源及其贡献率如图3.6和表3.4所示。由图3.6可以看出，长三角城市群绿色发展效率的区域内差异来源及其贡献率在2004~2018年这一考察期内出现了一定程度的波动，但整体上来看变化相对较小；而区域间差异来源和超变密度则是反复出现"上升—下降"这一波动式的发展趋势。从三者的贡献大小来看，2004~2018年，区域内差异、区域间差异以及超变密度的平均贡献值大小分别为0.0310、0.0469和0.0257，而其平均贡献率则分别为30.01%、45.80%和24.19%。从以上数值可以看出，无论是贡献的平均值大小还是贡献率的大小，区域间差异均显著超过了区域内和超变密度，这充分反映了区域间贡献对于长三角城市群绿色发展效率总体区域差异至关重要，而区域内差异以及超变密度则分别紧随其后，由此可知，缩小各省市区域间差异是解决长三角城市群绿色发展效率区域不均衡问题的重要途径。

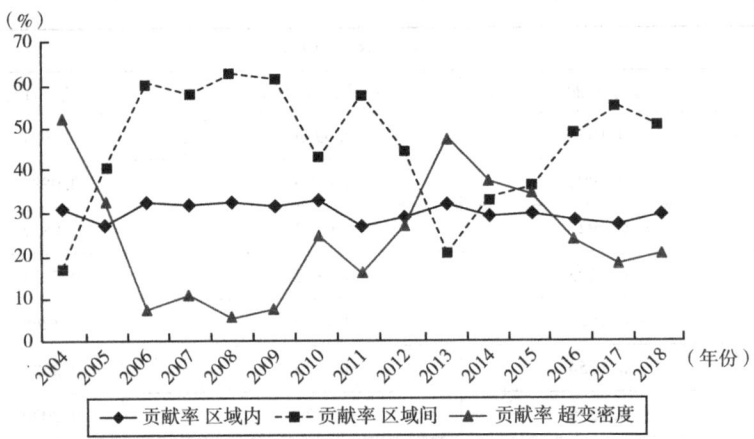

图 3.6　长三角城市群绿色发展效率的差异来源及其贡献变化态势

表 3.4　长三角城市群绿色发展效率的差异来源及其贡献率　　　　单位：（%）

年份	贡献率		
	区域内	区域间	超变密度
2004	30.89	17.10	52.01
2005	26.99	40.46	32.55
2006	32.38	60.40	7.22
2007	31.77	57.65	10.58
2008	32.38	62.44	5.18
2009	31.46	61.15	7.39
2010	32.86	42.62	24.52
2011	26.73	57.52	15.75
2012	28.85	44.29	26.86
2013	31.94	20.45	47.61
2014	29.16	33.60	37.24
2015	29.75	36.03	34.22
2016	28.20	48.43	23.36
2017	27.16	54.83	18.01
2018	29.57	50.08	20.35

3.3 长三角城市群绿色发展效率分布的时空演进

3.3.1 长三角城市群绿色发展效率的分布动态

在 3.2 节中，Dagum 基尼系数实现了对长三角城市群绿色发展效率差异的有效分解，使本书对长三角城市群绿色发展效率差异大小及其来源的了解更为充分。但是，Dagum 基尼系数测度的结果只是反映出长三角城市群不同省市绿色发展效率水平的相对差异规律，并未反映出长三角城市群不同省市绿色发展效率水平的绝对差距与动态演进特征。那么，长三角城市群不同省市绿色发展效率的空间分布动态究竟如何？不同时期绿色发展效率水平又会发生什么样的变化？这均是本小节所想要探究的重点。因此，本小节使用 Kernel 核密度估计分析 2004~2018 年这一考察期内长三角城市群绿色发展效率的分布动态演进。

作为一种非参数估计方法，Kernel 核密度估计是大多数学者用于研究空间非均衡分布必不可少的重要工具之一（陈明华等，2020）。Kernel 密度估计方法的核心思想是通过运用连续密度曲线对研究对象的分布位置、分布形态以及极化趋势等相关信息进行描述，最终通过使用概率估计方法对研究对象的概率密度进行估计，从而反映研究对象随时间变化的相关特征。

假设所需研究的对象 X 为随机变量，且其密度函数为 f(x)，因此，拟采用式（3.17）来估计点 x 处的概率密度，具体形式如下：

$$f(x) = \frac{1}{Nh} \sum_{i=1}^{n} K\left(\frac{X_i - x}{h}\right) \tag{3.17}$$

其中，f(x) 表示长三角城市群绿色发展效率的密度函数，x 表示绿色发展效率的均值，N 表示观测值的个数，X_i 代表独立同分布的观测值，K(·) 则为核函数，h 为带宽，如若带宽越大，则表示在 x 附近的邻域也会很大，那么就会使密度函数曲线变得更加光滑，从而会降低最终的估计精度，因此，选择一个合适的带宽显得极其重要。然而，在实际的研究过程中，对于过多的样本数据，一般要求较小的带宽，但也不是越小就越好，即 h 是 N 的函数，并且必须满足：

$$\lim_{N\to\infty} h(N) = 0 \quad \lim_{N\to\infty} Nh(N) = N \to \infty \tag{3.18}$$

具体来说，核函数是一种加权函数，根据其相应的表达形式又可以分为以下几种核函数，例如，高斯核（Gaussian）、Epanechnikov核、三角核（Triangular）和四次核（Quartic）等类型。根据有关学者研究表明，研究过程中所采用的样本数据分组越少，那么就更加有可能选择高斯核函数（Sala-i-Martin X, 2006）。因此本书选择高斯核函数估计长三角城市群以及各省市绿色发展效率的分布动态和演进趋势。高斯核函数具体表达式如下：

$$K(x) = \frac{1}{\sqrt{2\pi}} \exp\left(-\frac{x^2}{2}\right) \tag{3.19}$$

由于非参数估计没有确定的函数形式，因此，只能通过密度曲线来反映研究对象的相应分布状态。从本小节的研究来说，可以通过观察Kernel密度曲线，从中提炼出研究对象的整体分布态势和延展性等。具体而言，第一，可以通过曲线的分布位置来观察随机变量的整体位置变化，这一位置变化反映了长三角城市群绿色发展效率值的高低情况。第二，可以通过观察随机变量的核密度曲线的分布总体形态，能够有效反映长三角城市群绿色发展效率的区域差异大小以及相应的极化程度。其中，通过观察Kernel密度估计曲线的波峰高度和波峰宽度能够清楚地反映长三角城市群绿色发展效率的区域差距大小，同时，通过观察Kernel密度估计曲线的波峰数量则能够进一步反映长三角城市群绿色发展效率空间极化程度。第三，通过观察Kernel密度估计曲线的左右拖尾状态可以清楚地揭示出整体分布差距的大小。

由于上海市是直辖市，作为一个整体，不能展示其核密度估计图，因此，本小节采用高斯核密度估计方法，以2004~2018年为研究考察期，对长三角城市群总体、浙江省、江苏省以及安徽省绿色发展效率的演变历程进行全景式描述。其中，图3.7、图3.8、图3.9以及图3.10分别报告了长三角城市群总体、浙江省、江苏省以及安徽省绿色发展效率的核密度估计结果。

（1）长三角城市群总体绿色发展效率的Kernel密度估计。

长三角城市群总体绿色发展效率核密度估计结果如图3.7所示。从整体来看，长三角城市群总体绿色发展效率分布动态演进呈现以下动态特征：第一，在2004~2018年这一考察时间段内，长三角城市群总体绿色发展效率核密度估计曲线出现了先向左再向右偏移的情况,这表明长三角城市群总体绿色发展效率水平经历了由下降到上升的演变,且高水平城市数量逐年增加。第二,从波峰形态来看,长三角城市群总体绿色发展效率核密度估计曲线的波峰经历了从陡峭到扁平再到陡峭的过程。与 2004 年核密度估计曲线相比,2010 年核密度估计曲线的波峰变得相对平缓且宽度变得更宽,这说明长三角城市群内部绿色发展效率的绝对差异并未缩小,不均衡程度反而进一步加深;而 2018 年波峰又再次变得陡峭,密度函数中心右移,与 2010 年相比,峰值仍然较高且陡峭,这表明长三角城市群总体绿色发展效率空间差距整体具有减小态势。第三,从波峰数量来看,长三角城市群总体绿色发展效率核密度估计曲线的波峰分布均呈现单峰特征,这表明长三角城市群绿色发展效率随着时间的推移没有出现显著的两极化格局。第四,从拖尾来看,在 2004~2018 年这一考察期内,长三角城市群绿色发展效率核密度估计曲线存在明显的左拖尾现象,这说明在 2004~2018 年样本考察期内,长三角城市群各城市的绿色发展效率大多处于低水平阶段,例如,铜陵市、马鞍山市、湖州市以及南通市等城市。

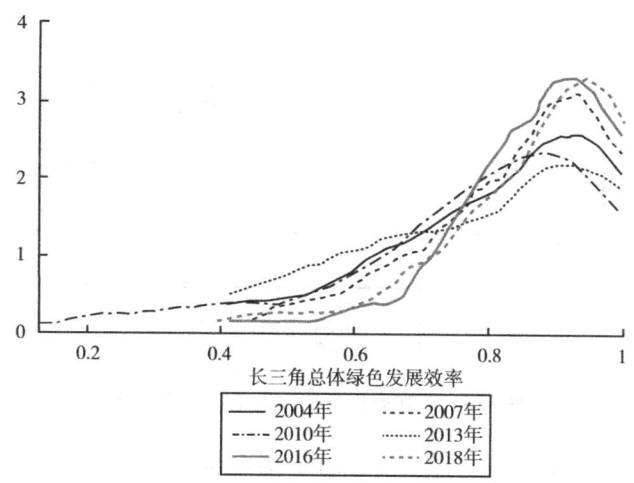

图 3.7　长三角城市群总体绿色发展效率核密度估计

(2) 浙江省绿色发展效率的 Kernel 密度估计。

浙江省绿色发展效率核密度估计结果如图 3.8 所示。通过研究浙江省绿色发展效率核密度曲线分布形态及波峰,可以得出浙江省绿色发展效率分布动态演进的特点:第一,在 2004~2018 年这一考察时间段内,浙江省绿色发展效率核密度估计曲线出现了向左—向右—向左偏移的情况,这表明浙江省绿色发展效率水平经历了由下降到上升再到下降的演变过程。第二,从波峰形态来看,2004~2010年波峰分布越来越平缓,波峰宽度逐渐变宽,2010年以后波峰分布越来越陡峭,波峰宽度逐渐变窄,这说明浙江省绿色发展效率空间差距经历了增大到缩小的过程。第三,从波峰数量来看,在2004~2018年这一考察期内,其中,2004年浙江省绿色发展效率核密度估计曲线的波峰由一个主峰和一个侧峰构成,在2010年绿色发展效率的核密度曲线可以看出由两个主峰构成,而从其他年份可以看出均只有一个波峰,这表明浙江省绿色发展效率随着时间的推移没有出现太明显的两极化格局。第四,从拖尾来看,在2004~2018年这一考察期内,浙江省绿色发展效率核密度估计曲线均始终存在明显的左拖尾现象,这说明在2004~2018年样本考察期内,浙江省内绿色发展效率水平较低的城市呈现上升趋势,与浙江省绿色发展效率平均水平的差距正在逐渐增大。

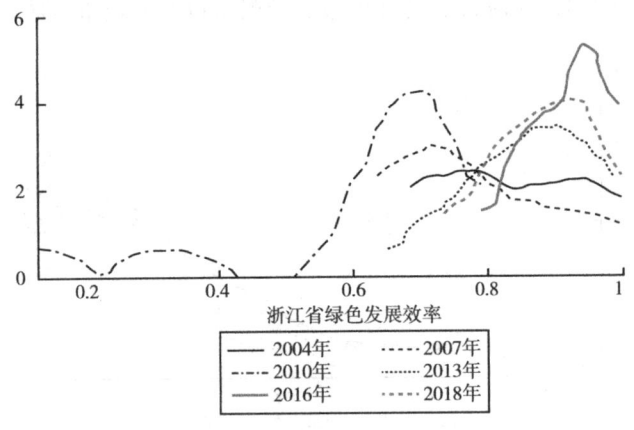

图3.8 浙江省绿色发展效率核密度估计

(3)江苏省绿色发展效率的Kernel密度估计。

江苏省绿色发展效率核密度估计结果如图3.9所示。通过研究江苏省绿色发展效率核密度曲线分布形态及波峰,可以得出江苏省绿色发展效率分布动态演进的特点:第一,在2004~2018年这一考察时间段内,江苏省绿色发展效率核密度估计曲线的中心均逐渐右移,这表明江苏省绿色发展效率水平均呈逐渐上升趋势。第二,从波峰形态来看,2004~2007年波峰峰值逐渐上升,波峰越来越陡峭，波峰宽度逐渐变小，2007～2013年波峰峰值下降，且波峰分布越来越平缓，波峰宽度逐渐变宽，在2013年以后，各年核密度曲线波峰峰值上升，且波峰分布越来越陡峭，波峰宽度逐渐变窄，这说明江苏省绿色发展效率空间差距经历了缩小—增大—再缩小的波动趋势。第三，从波峰数量来看，在2004～2018年这一考察期内，其中，除了2010年江苏省绿色发展效率核密度估计曲线的波峰由一个主峰和一个侧峰构成外，其他年份核密度曲线均不能明显看出有多个波峰，这表明江苏省绿色发展效率随着时间的推移没有出现太明显的两极分化格局。第四，从拖尾来看，在2004～2018年这一考察期内，江苏省绿色发展效率核密度估计曲线均始终存在明显的左拖尾现象，这说明在2004～2018年样本考察期内，江苏省内绿色发展效率水平差异在进一步增大。

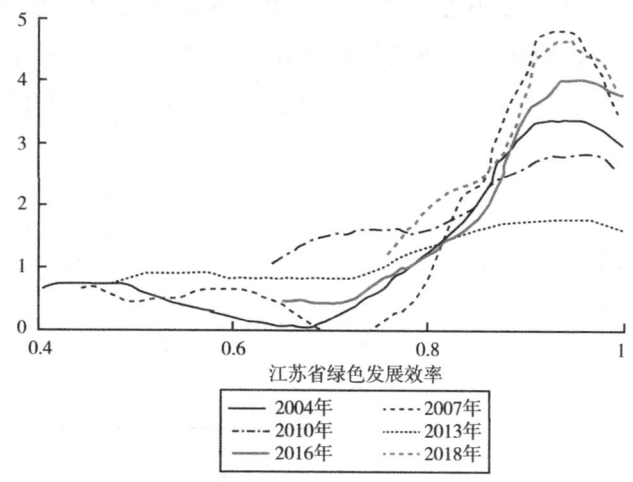

图3.9　江苏省绿色发展效率核密度估计

（4）安徽省绿色发展效率的Kernel密度估计。

安徽省绿色发展效率核密度估计结果如图3.10所示。通过研究安徽省绿色发展效率核密度曲线分布形态及波峰，可以得出安徽省绿色发展效率分布动态演进的特点：第一，在2004～2007年这一时间段内，安徽省绿色发展效率核密度估计曲线的中心向左移动，在2007～2010年这一时间段内，核密度估计曲线的中心向右移动，在2010～2013年这一时间段内，核密度估计曲线的中心向左移动，在2013年以后，核密度估计曲线的中心则向右移动，这表明安徽省绿色发展效率水平均呈"下降—上升—下降—上升"的波动趋势。第二,从波峰形态来看,2004~2007年波峰峰值逐渐降低,波峰越来越平缓,波峰宽度逐渐变宽,2007~2010年波峰峰值上升,且波峰分布越来越陡峭,波峰宽度逐渐变小,2010~2013年波峰峰值下降,且波峰分布越来越平缓,波峰宽度逐渐变宽,2013~2016年波峰峰值上升,且波峰分布越来越陡峭,波峰宽度逐渐变小,在2016年之后核密度曲线波峰峰值下降,且波峰分布越来越平缓,波峰宽度逐渐变宽,这说明安徽省绿色发展效率空间差距经历了"增大—缩小—增大—缩小—增大"的波动趋势。第三,从波峰数量来看,在2004~2018年这一考察期内,其中,除了2004年这一年内安徽省绿色发展效率随着时间的推移出现了两极分化的格局外,而其他年份核密度曲线可以看出均由一个波峰构成,这表明安徽省绿色发展效率在这一时间段内没有出现太明显的两极化格局。第四,从拖尾来看,在2004~2018年这一考察期内,安徽省绿色发展效率核密度估计曲线均始终存在明显的左拖尾现象,这说明在2004~2018年样本考察期内,安徽省内绿色发展效率水平差异有增大的趋势。

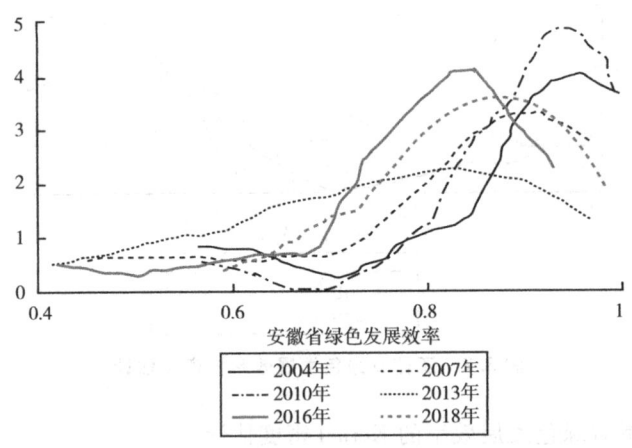

图3.10　安徽省绿色发展效率核密度估计

3.3.2　长三角城市群绿色发展效率的内部动态变化

核密度估计虽然可以刻画长三角城市群绿色发展效率的分布密度曲线,从而在总体上描述长三角城市群绿色发展效率的演变态势,但却不能反映长三角城市群绿色发展效率分布内部各省市相对位置的动态变化,也无法预测长三角城市群绿色发展效率分布的长期演进趋势。那么,长三角城市群不同省市绿色发展效率类型向其他类型转化的可能性如何?针对这一问题,本书拟运用空间马尔可夫链法对长三角城市群绿色发展效率分布的内部动态性进行考察。

Markov 链是通过构建马尔可夫转移概率矩阵,从而分析长三角城市群内各省市不同时期绿色发展效率分布的动态演进特征。其主要过程如下:$\{X(t), t \in T\}$,同时,由于 Markov 链的取值是一个有限集合 M,而集合 M 中所包含的元素为随机过程的状态,因此集合 M 也称为状态空间(杨明海等,2017)。对于时间 t 的任意 n 个数值,Markov 链满足:

$$p\{X(t_n) \leqslant x_n \mid X(t_1) = x_1, X(t_2) = x_2, \cdots, X(t_{n-1}) = x_{n-1}\} = p\{X(t_n) \leqslant x_n \mid X(t_{n-1}) = x_{n-1}\}, x_n \in R \tag{3.20}$$

其中,$X(t_n)$ 是在条件 $X(t_i) = x_i$ 下的条件分布函数,因此,当我们假设长三角城市群绿色发展效率的转移概率只与状态 i 和状态 j 有关,而与 n 无关时,此时,进一步就可以得到时齐的 Markov 链。式(3.20)反映的是 Markov 链的特点,即长三角城市群绿色发展效率向上或者向下转移的概率分布。若将长三角城市群绿色发展效率水平依据其大小划分为不同的类型(N 种),通过 Markov 链,我们就能够获得一个 N×N 维的状态转移概率矩阵 P,具体如下:

$$P = p_{ij} = \begin{vmatrix} p_{11} & p_{12} & \cdots & p_{1j} & \cdots \\ p_{21} & p_{22} & \cdots & p_{2j} & \cdots \\ \vdots & \vdots & \vdots & \vdots & \vdots \\ p_{i1} & p_{i2} & \cdots & p_{ij} & \cdots \\ \vdots & \vdots & \vdots & \vdots & \vdots \end{vmatrix} \tag{3.21}$$

$$p_{ij} \geqslant 0, ij \in N \tag{3.22}$$

$$\sum_{j \in N} p_{ij} = 1, ij \in N \tag{3.23}$$

$$P_{ij} = \frac{n_{ij}}{n_i} \tag{3.24}$$

其中,p_{ij} 指的是长三角城市群绿色发展效率水平由 i 状态向上或者向下转移到 j 状态的概率,通常情况下我们会选择极大似然法对其进行估计,n_{ij} 代表长三角城市群绿色发展效率水平由一种状态 i 变化到另一种状态 j 的频次,n_i

则代表长三角城市群绿色发展效率第 i 种状态出现的总频次。而上述矩阵 P 则反映了长三角城市群绿色发展效率的内部相关变化特征。

空间 Markov 链方法是在传统的 Markov 链基础之上纳入了"空间滞后"的相关概念（Anselin et al.，2008；刘华军等，2020）。利用空间 Markov 链方法可以考察长三角城市群内相邻城市的绿色发展效率对本城市绿色发展效率状态转移的影响。具体而言，空间 Markov 链方法通过设定空间权重矩阵，可以把传统 Markov 链方法中的 N×N 维转移概率矩阵分解为 N×N×N 维的转移概率矩阵，从而 P_{ij} 表示为长三角城市群内某城市在 t 时期空间滞后类型为 N_i 的情况下，由 t 时期的 i 类型向上或者向下转移到 t+1 时期的 j 类型的概率，以此揭示空间效应对长三角城市群绿色发展效率动态演进的影响。其中，空间滞后值是长三角城市群内各城市周边区域绿色发展效率的空间加权，本书参照杨明海等（2016）的做法，选择 0~1 空间权重矩阵。

（1）基于传统 Markov 链方法的长三角城市群绿色发展效率状态转移时间特征分析。

本小节运用 Markov 链分析方法，计算 2004~2018 年、2004~2009 年以及 2010~2018 年三个不同时间考察期内长三角城市群绿色发展效率的传统 Markov 链转移概率矩阵（见表 3.5、表 3.6 和表 3.7），以分析长三角城市群绿色发展效率转移规律，从而能够为长三角城市群内绿色发展效率的差距、极化现象提供合理的解释。

第一，长三角城市群绿色发展效率水平呈现出"俱乐部趋同"的特征。具体来看，长三角城市群内城市绿色发展效率水平处于高水平和低水平的城市保持稳定的概率较大，分别为 48.12% 和 63.28%。而长三角城市群内城市绿色发展效率水平处于中低和中高水平状态保持稳定水平的概率较小，分别为 26.28% 和 31.26%，这说明长三角城市群内各城市的绿色发展效率水平存在"富者更富、穷者更穷"的"马太"效应，导致长三角城市群绿色发展效率水平的空间差距显著。

第二，长三角城市群内绿色发展效率水平位于低水平、中低水平和中高水平的城市向上转移的概率分别为 20.57%、15.66% 和 33.42%，我们可以从中看出绿色发展效率水平越高的城市向上转移的可能性越高，这说明在发展后期绿色发展效率水平的类型升级要易于前期的类型转移。此外，从表3.5中还可以看出，在非对角线上的转换概率均不为0，基本分布在对角线的两侧，这也充分说明了在连续两年期间内，长三角城市群内城市绿色发展效率水平变化大多发生在相邻水平，而实现绿色发展效率水平的跨越式转移的可能性相对较小。

第三，由表3.6和表3.7可以看出，通过对2004~2009年和2010~2018年两个时期的对比，长三角城市群绿色发展效率水平的转移特征存在差异。其中，2004~2009年，长三角城市群内初始状态为中低水平和中高水平的城市保持稳定状态的概率相对较低，而2010~2018年，长三角城市群内初始状态为中低和高水平的城市保持稳定状态的概率相对较低；与2004~2009年相比，2010~2018年从中低水平向中高水平转移以及由中高水平向高水平转移的概率相对较高，表明2010~2018年通过长三角城市群扩容后的一体化政策的扶持，长三角城市群绿色发展效率得以有效提升。

表3.5 长三角城市群绿色发展效率的传统Markov链转移概率矩阵（2004~2018年）

本地状态	频数	Ⅰ	Ⅱ	Ⅲ	Ⅳ
	566	<25%	25%~50%	50%~75%	>75%
Ⅰ	150	0.6328	0.2057	0.1127	0.0488
Ⅱ	136	0.3352	0.2628	0.1566	0.2454
Ⅲ	150	0.1359	0.2173	0.3126	0.3342
Ⅳ	130	0.1213	0.2118	0.1857	0.4812

表3.6 长三角城市群绿色发展效率的传统Markov链转移概率矩阵（2004~2009年）

本地状态	频数	Ⅰ	Ⅱ	Ⅲ	Ⅳ
	200	<25%	25%~50%	50%~75%	>75%
Ⅰ	55	0.4622	0.1488	0.2680	0.1210
Ⅱ	50	0.1743	0.3140	0.2513	0.2604
Ⅲ	55	0.1401	0.2384	0.4223	0.1992
Ⅳ	40	0.1257	0.0594	0.3190	0.4959

表 3.7　长三角城市群绿色发展效率的传统 Markov 链转移概率矩阵
（2010～2018 年）

本地状态	频数	I <25%	II 25%~50%	III 50%~75%	IV >75%
	518				
I	132	0.4854	0.1497	0.1661	0.1988
II	116	0.2415	0.2751	0.3029	0.1805
III	142	0.1166	0.1272	0.4277	0.3285
IV	128	0.0669	0.1622	0.4779	0.2930

（2）基于空间 Markov 链方法的长三角城市群绿色发展效率状态转移时间特征分析。

根据 Tobler（1970）提出的地理学第一定律可知，区域之间是相互联系和依赖的，且不同地区的生态环境指标也存在空间效应（Yang et al.，2021）。那么，在传统 Markov 链方法基础之上引入地理空间格局显得尤为重要，本小节在传统 Markov 链方法基础之上建立了空间 Markov 链概率转移矩阵，分析长三角城市群各城市邻域绿色发展环境对城市绿色发展效率水平的转移特征会产生何种影响？由表 3.8、表 3.9 和表 3.10 可知，在时间与空间效应下，长三角城市群绿色发展效率水平的转移具有显著的特征，具体来看：

第一，在长三角城市群中，城市绿色发展效率水平的转移，受地理空间效应影响，具有一定程度的空间依赖性。从表 3.8 中可以看出，在四个不同邻域水平下的条件转移概率并不相同，这表明在不同水平邻域绿色发展效率水平环境中，长三角城市群中城市绿色发展效率水平发生转移的概率均有所不同。

第二，在长三角城市群中，不同水平的邻域绿色发展效率水平环境对城市绿色发展效率水平转移的影响作用存在差异。水平较高的邻域绿色发展效率环境对周边城市绿色发展效率水平的提升具有一定的积极作用，例如，在表 3.5 中的 P_{23} 小于表 3.8 中的 $P_{23/3}$，P_{24} 小于 $P_{24/3}$，这表明长三角城市群内绿色发展效率水平较高的城市可辐射带动邻近城市绿色发展效率的提高，这主要是由于资源要素在区域内的自由流动与共享在一定程度上推进了邻域绿色发展效率的提升。

第三,长三角城市群在其绿色发展效率水平的不同阶段,邻域绿色发展效率水平对城市绿色发展效率将产生不同影响。例如,当邻域绿色发展效率为中低水平时,长三角城市群中初始状态为中低水平的城市在2004~2009年这一时间段仍然保持平稳的概率为0.3817(见表3.9),大于相应期间不考虑邻域绿色发展效率水平时的概率0.3140(见表3.6);而长三角城市群中初始状态处于中低水平的城市在2010~2018年这一时间段内仍然保持平稳的概率为0.3045(见表3.10),大于这一时间段内不考虑邻域绿色发展效率水平时的概率0.2751(见表3.7),这表明在2010~2018年中低水平的城市受到邻域绿色发展效率水平的影响较大。

表3.8 长三角城市群绿色发展效率的空间Markov链转移概率矩阵
(2004~2018年)

空间滞后	本地状态	频数	I <25%	II 25%~50%	III 50%~75%	IV >75%
		536				
I	I	0	0.0000	0.0000	0.0000	0.0000
	II	2	0.0000	1.0000	0.0000	0.0000
	III	0	0.0000	0.0000	0.0000	0.0000
	IV	1	0.0000	0.0000	0.0000	1.0000
II	I	72	0.4701	0.1688	0.1654	0.1956
	II	70	0.1223	0.3250	0.2924	0.2604
	III	52	0.1316	0.2501	0.3429	0.2754
	IV	46	0.1084	0.1612	0.2408	0.4896
III	I	63	0.4174	0.1897	0.2592	0.1337
	II	52	0.1667	0.2025	0.3531	0.2777
	III	90	0.1048	0.1073	0.4411	0.3468
	IV	86	0.1339	0.2279	0.2993	0.3389
IV	I	1	1.0000	0.0000	0.0000	0.0000
	II	0	0.0000	0.0000	0.0000	0.0000
	III	1	0.0000	0.0000	0.0000	1.0000
	IV	0	0.0000	0.0000	0.0000	0.0000

表 3.9　长三角城市群绿色发展效率的空间 Markov 链转移概率矩阵
（2004~2009 年）

空间滞后	本地状态	频数	I	II	III	IV
		192	<25%	25%~50%	50%~75%	>75%
I	I	0	0	0	0	0
	II	0	0	0	0	0
	III	0	0	0	0	0
	IV	0	0	0	0	0
II	I	21	0.5136	0.2327	0.1745	0.0792
	II	19	0.2326	0.3817	0.1349	0.2508
	III	18	0.2202	0.3290	0.2148	0.2360
	IV	21	0.1559	0.1215	0.2901	0.4325
III	I	26	0.4754	0.1706	0.2631	0.0909
	II	27	0.2052	0.3091	0.2457	0.2400
	III	35	0.1332	0.2472	0.4387	0.1809
	IV	25	0.1348	0.1618	0.2731	0.4303
IV	I	0	0	0	0	0
	II	0	0	0	0	0
	III	0	0	0	0	0
	IV	0	0	0	0	0

表 3.10　长三角城市群绿色发展效率的空间 Markov 链转移概率矩阵
（2010~2018 年）

空间滞后	本地状态	频数	I	II	III	IV
		306	<25%	25%~50%	50%~75%	>75%
I	I	0	0	0	0	0
	II	2	0	1	0	0
	III	0	0	0	0	0
	IV	1	0	0	0	1
II	I	42	0.5578	0.1697	0.1286	0.1439
	II	43	0.2096	0.3045	0.2830	0.2029
	III	32	0.2210	0.2421	0.3148	0.2221
	IV	19	0.1078	0.3000	0.1864	0.4058

续表

空间滞后	本地状态	频数 306	I <25%	II 25%~50%	III 50%~75%	IV >75%
III	I	36	0.4302	0.3389	0.1461	0.0848
	II	26	0.2832	0.2876	0.285	0.1442
	III	51	0.1738	0.1548	0.3694	0.302
	IV	52	0.1552	0.2413	0.2584	0.3451
IV	I	1	1	0	0	0
	II	0	0	0	0	0
	III	1	0	0	0	1
	IV	0	0	0	0	0

3.4 长三角城市群绿色发展效率的空间关联

在揭示了长三角城市群绿色发展效率的区域差异及其动态演进后，本书紧接着将探讨长三角城市群绿色发展效率的空间关联性，此时，本小节选择社会网络分析法（SNA）来考察长三角城市群绿色发展效率的空间关联性。与其他的分析方法有所不同，社会网络分析方法所需要的数据为关系数据，因此，在长三角城市群绿色发展效率的空间关联特征进行分析之前，我们必须构建起所需的关系数据集，然后才能对构建起来的关系数据展开相关分析。

3.4.1 长三角城市群绿色发展效率的空间关联网络构建

长三角城市群绿色发展效率空间关联网络是各地级市（直辖市）绿色发展效率两两关联关系的集合，而各个地级市（直辖市）则为相应的节点，如果其中两个地级市（直辖市）之间存在关联关系，则将两个地级市（直辖市）用一条有指向性的线连接在一起，那么这样就能够构成一张长三角城市群绿色发展效率的空间关联网络图。现有大多数学者均采用引力模型测度研究对象的关联强度，其中，引力模型在能源消费（刘华军等，2015）、碳排放（张德钢，2017）、旅游生态效率（程慧等，2020）以及文化产业绿色发展效率（张涛和武金爽，2021）等方面被较为广泛地运用。本书参照刘佳和宋秋月（2018）的做法，基于修正的引力模型来进行相关的测度。具体的计算公式如下：

$$S = K \frac{E_i \cdot E_j}{\dfrac{D_{ij}^2}{(g_i - g_j)^2}}, 其中 K = \frac{G_i}{G_i + G_j} \tag{3.25}$$

其中，S 表示长三角城市群绿色发展效率空间关联强度，E_i 和 E_j 分别表示长三角城市群内第 i 个城市和第 j 个城市的绿色发展效率，G_i 和 G_j 分别表示长三角城市群第 i 个城市和第 j 个城市的人均 GDP，D_{ij} 表示长三角城市群内第 i 个城市到第 j 个城市的距离。

根据上述引力模型（3.25）计算出对应的引力矩阵后，我们通过对得到的引力矩阵每一行取其对应的平均值，若绿色发展效率空间关联强度 S 高于该行的平均值，则取值为 1，表明该行城市和该列城市的绿色发展效率存在关联关系，相应地，如果绿色发展效率空间关联强度 S 低于该行的平均值，则取值为 0，表明该行城市和该列城市的绿色发展效率不存在关联关系，由此我们便构建出了绿色发展效率的空间关联矩阵，并将其作为对应分析数据的依据。

3.4.2 长三角城市群绿色发展效率空间关联网络特征刻画指标

（1）网络密度。

网络密度（Density）是用于反映长三角城市群绿色发展效率空间网络关联紧密程度的指标。若该指标数值越大，说明长三角城市群内各城市绿色发展效率的联系也越紧密。我们假设长三角城市群绿色发展效率空间网络中总共有 Q 个节点，那么其有可能的关系数最大值为 Q(Q-1) 个，进一步地，若实际当中关系只有 P 个，那么网络密度可以由最大关系数和实际关系数之间的比值得到，具体如下：

$$Q = \frac{P}{Q(Q-1)} \tag{3.26}$$

(2) 网络中心性。

长三角城市群绿色发展效率空间关联网络的个体特征可以由三个指标来衡量,它们分别是度数中心度、接近中心度以及中介中心度(刘华军等,2015)。其中,度数中心度反映的是在网络中长三角城市群内的城市是否处于中心位置,若该指标的值较大,则说明长三角城市群内该城市在网络中与其他城市之间具有相当紧密的联系,同时也进一步表明该城市在长三角城市群内更加处于网络的中心地位;接近中心度则反映了网络中长三角城市群内某个城市在绿色发展效率联系过程中不会遭到城市群内其他城市控制的程度,若长三角城市群内某个城市的接近中心度数值越大,则表明该城市绿色发展效率与长三角城市群内其他城市之间具有不少的直接联系,那么该城市在长三角城市群绿色发展效率网络中必定会成为中心行动者;中介中心度则是体现了长三角城市群内某个城市能在对城市群内其他节点的控制能力,若该数值越高,表明这种控制节点的能力就越强,也就越进一步说明该城市处于长三角城市群绿色发展效率网络的中心。

度数中心度的具体计算方式为:

$$C_D(i) = \sum_{j=1}^{n} E_{ij} \tag{3.27}$$

其中,$C_D(i)$ 为长三角城市群内城市 i 的度数中心度;E_{ij} 则为长三角城市群内城市 i 与城市 j 之间的联系量;n 则表示和城市 i 联系的城市总个数。

接近中心度公式为:

$$C_c(n_i) = \left[\sum_{j=1}^{g} d(n_i, n_j) \right]^{-1} \tag{3.28}$$

其中,$C_c(n_i)$ 为节点 n_i 的接近中心度;$d(n_i, n_j)$ 则表示长三角城市群内节点城市 n_i 和节点城市 n_j 之间的距离。

中介中心度公式为:

$$C_{ABi} = \sum_{j}^{n} \sum_{k}^{n} \frac{g_{ik}(i)}{g_{ik}} \tag{3.29}$$

其中,C_{ABi} 是长三角城市群内城市 i 的中介中心度;g_{ik} 表示长三角城市群内城市 j 和城市 k 之间存在的捷径数目;$\frac{g_{ik}(i)}{g_{ik}}$ 表示长三角城市群群内城市 i 能够控制城市 j 和城市 k 相互行动的能力,即长三角城市群中城市 i 处于城市 j 和

城市 k 之间捷径上的概率。

(3) 凝聚子群。

凝聚子群的主要内涵是指城市网络中具有相对较强的、直接的或是互惠联系的节点子集合（盛科荣等，2019；李雨婕和肖黎明，2021）。本小节借助UCINET软件的CONCOR方法对长三角城市群绿色发展效率的空间网络结构进行聚类分析，有助于进一步加深对城市网络空间结构及演化规律的理解。

3.4.3 长三角城市群绿色发展效率空间关联网络特征分析

(1) 整体网络特征及演进趋势。

本小节我们根据改进的引力模型与UCINET的可视化分析工具Netdraw绘制了2004年、2009年、2014年以及2018年的长三角城市群绿色发展效率网络图，如图3.11所示，可以发现，2004~2018年，长三角城市群内各网络节点间的连线有明显的增加，表明长三角城市群绿色发展效率的网络关联不断趋于紧密。

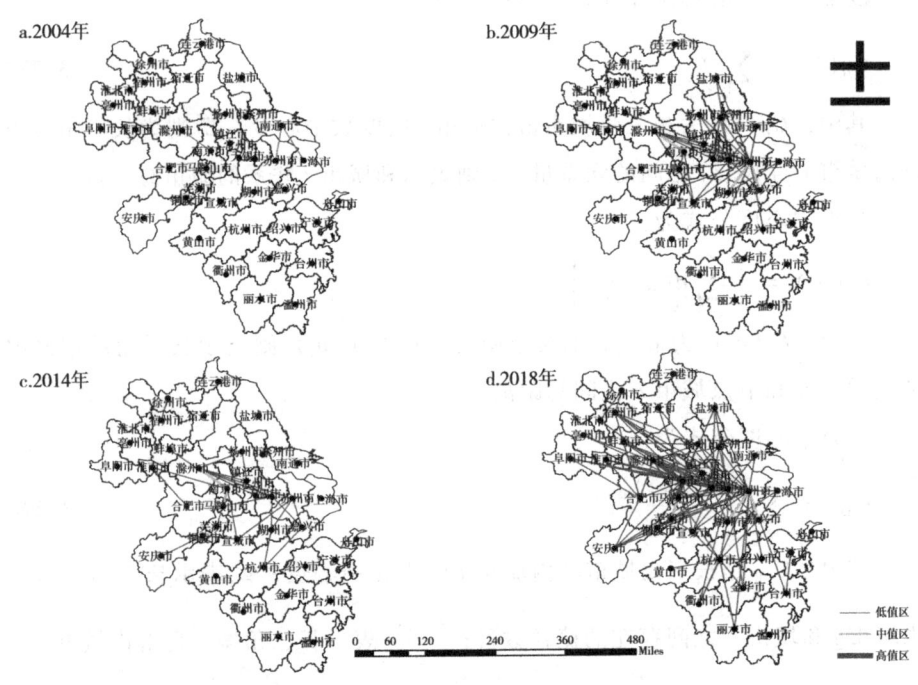

图3.11 长三角城市群绿色发展效率空间关联（2004~2018年）

同时,本小节通过式(3.26)计算得到 2004~2018 年长三角城市群绿色发展效率的网络密度 D 值,如图 3.12 所示。若长三角城市群绿色发展效率整体网络密度 D 的数值大,那么就能够表明在节点城市之间具有密切的联系,同时也拓宽了从长三角城市群中其他城市获得联系的途径,这将极大地促进长三角城市群各城市之间的绿色协调发展。

从图 3.12 可以看出,第一,从变化趋势上来看,在 2004~2018 年考察期内,长三角城市群绿色发展效率的联系密度 D 数值逐步升高,从 2004 年的 0.040 增长到了 2018 年的 0.365,在整个考察期内,网络密度 D 的数值足足增长了 8.1 倍多,这表明长三角城市群中各个城市在绿色发展方面的相互联系逐渐在增强,并且各城市在绿色协调发展方面相比以前也愈加频繁,各城市之间的协调发展有助于促使长三角城市群整体绿色发展效率不断提升;第二,从整体上来看,长三角城市群绿色发展效率的网络密度 D 的数值位于相对较低的水平,在 2004~2018 年这一考察时间段内,2004 年的网络密度 D 值仅为 0.040,到 2018 年也才达到 0.365,这说明自 2004 年以来,长三角城市群中各城市在绿色发展方面的联系还仅仅处于一种弱联结分布状态,因此,还需要进一步加强长三角城市群中各城市有关绿色发展方面的内部联系。

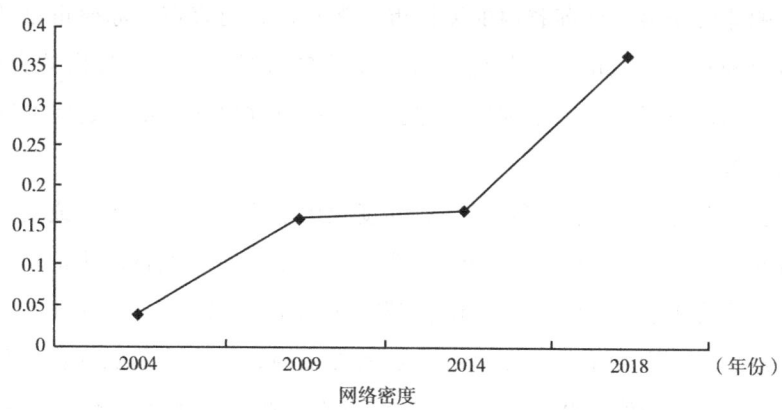

图 3.12 长三角城市群绿色发展效率网络密度(2004~2018 年)

(2)网络中心度分析。

本小节主要是通过式(3.27)~式(3.29)所展示的计算公式,计算出了长三角城市群绿色发展效率的网络中心度,如表 3.11 所示,由于受篇幅所限,我们只在表 3.11 中报告了 2018 年长三角城市群网络中心度的基本情况。

由表 3.11 展示的结果可以看出,长三角城市群内各城市与其他城市的关系数量所表现出来的特点主要有以下几个方面:第一,无锡市的关系数量最高,其中影响的关系为 35,被影响的关系为 28,这说明无锡市在长三角城市群内与其他城市之间的关系相对紧密;第二,常州市、苏州市、南京市、镇江市、扬州市、杭州市、宣城市、宁波市以及上海市 9 个城市的关系数量紧随其后,关系数量均超过了 31,除了宣城市以外,上述八个城市的发送关系均显著地高于接受关系,说明上述城市在长三角城市群内更多的是在影响其他城市,尤其是以上海最为明显,其发送关系为 28,接受关系仅为 3;第三,亳州市、淮北市、金华市、连云港市、黄山市、温州市、台州市、衢州市、丽水市以及舟山市 10 个城市的数量关系排在了后十位,它们的总关系均小于长三角城市群的平均关系 28,从发送关系和接受关系的数量分布来看,上述 10 个城市大多都存在接受关系数量明显高于发送关系数量,这说明上述 10 个城市在长三角城市群内更多的是受到其他城市的影响;第四,总的来说,在长三角城市群绿色发展效率的空间网络中,城市之间的相互影响非常明显。江苏省内的无锡市、常州市、南京市、苏州市以及镇江市等城市和长三角城市群内其他城市的联系最为紧密。浙江省内的台州市、衢州市、丽水市以及舟山市等城市与长三角城市群内其他城市之间的联系相对更加松散。

从表 3.11 报告的结果可以看出,在度数中心度中不论是出度或是入度的平均值皆为 0.365,这表明长三角城市群绿色发展效率空间网络中的城市之间还缺乏有效的联系。具体来看,无锡市和苏州市的点出度最高,黄山市、丽水市以及舟山市点出度最低,无锡市的点入度最高,上海市的点入度最低。其中,点出度的平均值为 0.365,低于该平均值的城市主要是湖州市、宿州市、滁州市、宣城市、徐州市以及舟山市等 23 个城市。这说明在长三角城市群绿色发展效率空间网络中,23 个城市的绿色发展效率情况对其他城市的绿色发展效率影响较小。从点入度来看,无锡市的点入度为 0.757,上海的点入度最低，且仅为 0.081。点入度的平均值为 0.365，低于该平均值的城市有芜湖市、宿迁市、泰州市、绍兴市、盐城市、连云港市、杭州市、合肥市、衢州市、丽水市、嘉兴市、徐州市、金华市、温州市、台州市、宁波市、南通市、舟山市、湖州市、黄山市以及上海市等 21 个城市。这说明在长三角城市群绿色发展效率空间网络中，21 个城市的绿色发展效率受长三角城市群内其他城市的影响较小。

从表 3.11 报告的有关中介中心度的结果可以看出，中介中心度的平均值为 21.579。这表明长三角城市群绿色发展效率网络中各个节点城市对其他节点城市不具备较强的控制性。具体来说，无锡市中介中心度最高，为 173.469；黄山市、丽水市以及舟山市 3 个城市的中介中心度最低，均为 0。中介中心度的平均值为 21.579，高于该平均值的城市主要有无锡市、常州市、南京市、镇江市、苏州市、杭州市以及扬州市 7 个城市，说明这 7 个城市在长三角城市群绿色发展效率的关联网络中能够发挥其媒介作用，为其他城市之间的沟通和交流"牵线搭桥"；在中介中心度平均值以下的城市主要有宣城市、芜湖市、宁波市、滁州市、淮南市、绍兴市、安庆市、阜阳市、泰州市、嘉兴市、湖州市、合肥市、马鞍山市、盐城市、宿迁市、金华市、蚌埠市、南通市、温州市、台州市、亳州市、上海市、淮北市、铜陵市、连云港市、衢州市、黄山市、丽水市、徐州市、宿州市以及舟山市 31 个城市，说明这 31 个城市未处于网络中心，对长三角城市群内其他城市绿色发展效率相互影响的调节作用不大。

从表 3.11 报告的有关接近中心度的结果来看，无锡市和苏州市的出度最高，都为 0.949，出度最低的是黄山市、丽水市以及舟山市 3 个城市，都为 0.250。入度最高的是无锡市，为 0.712；最低的是上海市，为 0.457。出度的平均值是 0.606，低于该值的城市是宿州市、湖州市、徐州市、马鞍山市、阜阳市、淮南市、安庆市、蚌埠市、盐城市、宿迁市、金华市、温州市、台州市、连云港市、铜陵市、亳州市、衢州市、淮北市、黄山市、丽水市以及舟山市 21 个城市，说明这 21 个城市对长三角城市群内其他城市的影响在一定程度上依赖于别的"中介"城市，相对于长三角城市群内其他城市而言，这 21 个城市处于网络非中心的位置。入度的平均值是 0.554，低于该平均值的城市是泰州市、丽水市、盐城市、嘉兴市、金华市、温州市、台州市、舟山市、南通市、宁波市、芜湖市、湖州市、黄山市以及宿迁市等城市，说明了这些城市被长三角城市群内其他城市影响还需要别的城市作为中间桥梁。

表 3.11　　长三角城市群绿色发展效率空间网络的中心性

城市	关系数			度数中心度		接近中心度		中介中心度
	发送关系	接受关系	总关系	出度	入度	出度	入度	
上海市	28	3	31	0.757	0.081	0.840	0.457	2.243
南京市	30	19	49	0.811	0.514	0.841	0.569	100.697
无锡市	35	28	63	0.946	0.757	0.949	0.712	173.469
徐州市	12	8	20	0.324	0.216	0.597	0.507	16.935
常州市	32	25	57	0.865	0.676	0.881	0.661	103.515
苏州市	35	20	55	0.946	0.541	0.949	0.617	92.842
南通市	16	6	22	0.432	0.162	0.638	0.481	1.646
连云港市	5	11	16	0.135	0.297	0.536	0.536	1.723
盐城市	9	11	20	0.243	0.297	0.569	0.536	4.601
扬州市	23	19	42	0.622	0.514	0.725	0.597	30.494
镇江市	24	22	46	0.649	0.595	0.740	0.627	82.91
泰州市	19	9	28	0.514	0.243	0.673	0.514	3.19
宿迁市	7	12	19	0.189	0.324	0.552	0.544	2.907
杭州市	27	11	38	0.730	0.297	0.787	0.521	63.731
宁波市	25	7	32	0.676	0.189	0.755	0.481	16.716
温州市	7	8	15	0.189	0.216	0.544	0.500	2.409
嘉兴市	17	8	25	0.459	0.216	0.649	0.500	6.135
湖州市	10	13	23	0.270	0.351	0.578	0.552	3.42
绍兴市	16	9	25	0.432	0.243	0.638	0.507	5.147
金华市	7	8	15	0.189	0.216	0.544	0.500	2.409
衢州市	1	10	11	0.027	0.270	0.446	0.529	0.818
舟山市	0	8	8	0.000	0.216	0.250	0.514	0

续表

城市	关系数			度数中心度		接近中心度		中介中心度
	发送关系	接受关系	总关系	出度	入度	出度	入度	
台州市	5	8	13	0.135	0.216	0.529	0.500	2.153
丽水市	0	9	9	0.000	0.243	0.250	0.521	0
合肥市	14	10	24	0.378	0.270	0.617	0.514	7.172
芜湖市	15	13	28	0.405	0.351	0.627	0.552	5.542
蚌埠市	9	16	25	0.243	0.432	0.569	0.578	3.628
淮南市	10	18	28	0.270	0.486	0.578	0.597	9.221
马鞍山市	12	14	26	0.324	0.378	0.597	0.561	4.392
淮北市	3	15	18	0.081	0.405	0.451	0.569	2.096
铜陵市	4	16	20	0.108	0.432	0.514	0.578	1.816
安庆市	9	18	27	0.243	0.486	0.569	0.597	8.964
黄山市	0	11	11	0.000	0.297	0.250	0.552	0
滁州市	13	17	30	0.351	0.459	0.607	0.587	11.765
阜阳市	9	19	28	0.243	0.514	0.569	0.607	7.735
宿州市	9	21	30	0.243	0.568	0.569	0.627	14.616
亳州市	3	15	18	0.081	0.405	0.446	0.569	2.414
宣城市	13	18	31	0.351	0.486	0.607	0.597	20.532
平均	14	14	27	0.365	0.365	0.606	0.554	21.579

(3) 凝聚子群分析。

由于篇幅有限并与前面保持一致，本小节选择2004年、2009年、2014年以及2018年的数据来对长三角城市群绿色发展效率的凝聚子群进行分析，但主要以2018年的数据来进行详细的文字分析。本小节采用Unicet软件计算出长三角城市群绿色发展效率网络中凝聚子群个数与每个凝聚子群所包含的城市。具体的结果如图3.13、表3.12以及表3.13所示。

2018年，凝聚子群1包含上海市等3个城市，凝聚子群2包含南京市等4个城市，凝聚子群3包含泰州市等2个城市，凝聚子群4包含合肥市等3个城市，凝聚子群5包含铜陵市等4个城市，凝聚子群6包含连云港市等12个城市，凝聚子群 7 包含金华市等 5 个城市，凝聚子群 8 包含衢州市等 5 个城市。一方面，就凝聚子群的内部联系的密度而言，凝聚子群 2、凝聚子群 4 的内部联系比其他 6 个凝聚子群内部联系更为紧密，其内部联系密度为 0.333，整体来看，8 个凝聚子群的联系密度均较小，相较于上一阶段内部联系有了明显的退化。另一方面，从凝聚子群相互间的联系程度可以看出，凝聚子群 2 与大多数凝聚子群相互之间的联系最为密切，而其余凝聚子群相互之间存在比较弱的联系。

同时，由图 3.13、表 3.12 以及表 3.13 的对应结果可以看出，在 2004～2018 年这一考察期内，大多数时间长三角城市群绿色发展效率网络存在 8 个凝聚子群，总体而言，在大多数凝聚子群内所涵盖的城市在地理空间上比较接近，但也存在同一凝聚子群内的城市在地理空间上不相邻的情况，这也充分说明地理空间距离并不能限制长三角城市群内不同城市之间实施绿色协调发展。此外，在长三角城市群内各个凝聚子群内部与外部绿色发展效率联系不是很紧密，未能形成绿色一体化的发展，同时，在考察期内，多数凝聚子群所涵盖的城市范围均发生了一定程度的变化，也充分说明了在长三角城市群内目前还未能形成稳定的、联系密切的绿色发展效率网络空间结构。

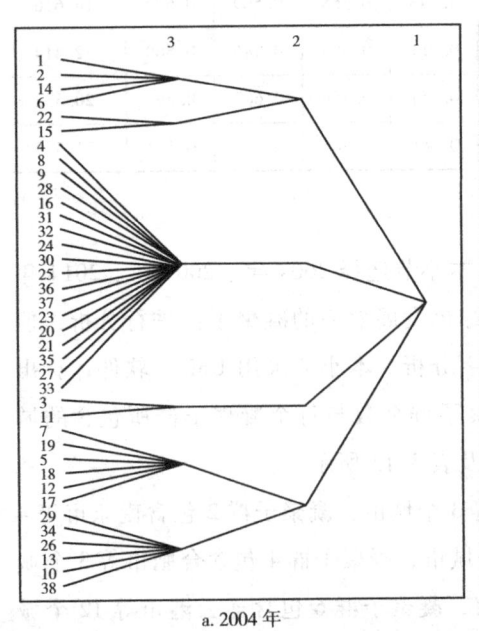

a. 2004 年

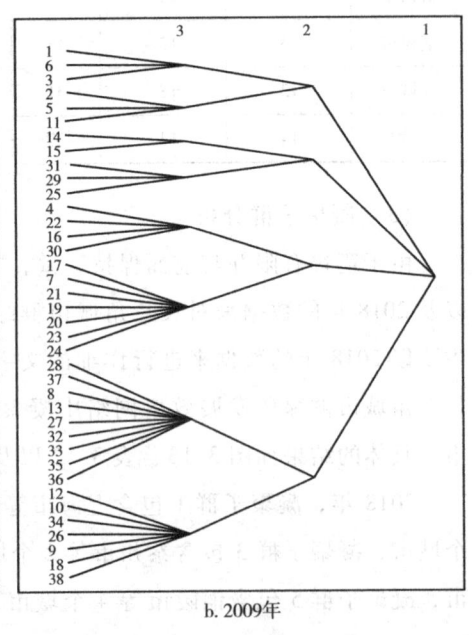

b. 2009 年

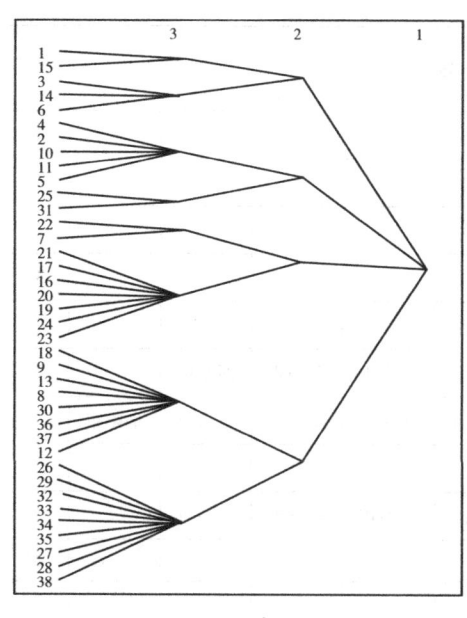
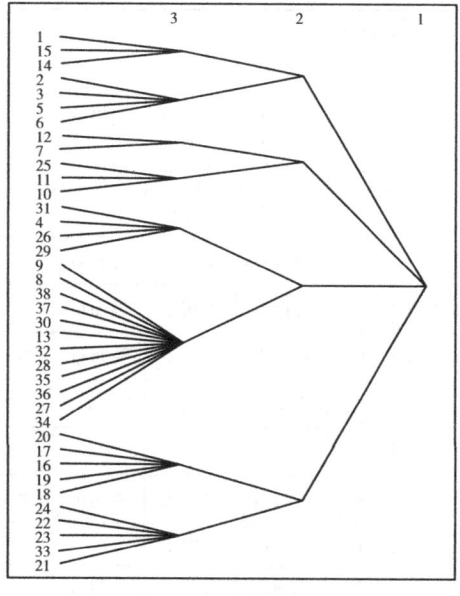

c. 2014年　　　　　　　　　　　　　　d. 2018年

图 3.13　2004~2018 年长三角城市群绿色发展效率的网络凝聚子群区域构成

注：图中左边数字 1~38 分别代表长三角城市群内上海市、南京市、无锡市、徐州市、常州市、苏州市、南通市、连云港市、盐城市、扬州市、镇江市、泰州市、宿迁市、杭州市、宁波市、温州市、嘉兴市、湖州市、绍兴市、金华市、衢州市、舟山市、台州市、丽水市、合肥市、芜湖市、蚌埠市、淮南市、马鞍山市、淮北市、铜陵市、安庆市、黄山市、滁州市、阜阳市、宿州市、亳州市、宣城市。

表 3.12　　　　　长三角城市群绿色发展效率的凝聚子群演变

年份	凝聚子群	城市								数量
2004	1	上海市	南京市	苏州市	杭州市					4
	2	宁波市	舟山市							2
	3	徐州市	连云港市	盐城市	温州市	金华市	衢州市	台州市	丽水市	18
		合肥市	蚌埠市	淮北市	铜陵市	安庆市	黄山市	阜阳市	亳州市	
		宿州市	淮南市							
	4	镇江市	无锡市							2
	5	南通市	绍兴市	常州市	湖州市	泰州市	嘉兴市			6
	6	马鞍山市	滁州市	芜湖市	宿迁市	扬州市	宣城市			6

续表

年份	凝聚子群	城市								数量
2009	1	上海市	苏州市	无锡市						3
	2	南京市	常州市	镇江市						3
	3	杭州市	宁波市							2
	4	马鞍山市	铜陵市	合肥市						3
	5	舟山市	徐州市	温州市	淮北市					4
	6	嘉兴市	南通市	衢州市	绍兴市	金华市	台州市	丽水市		7
	7	淮南市	亳州市	连云港市	宿迁市	蚌埠市	安庆市	黄山市	阜阳市	9
		宿州市								
	8	盐城市	扬州市	泰州市	湖州市	芜湖市	滁州市	宣城市		7
2014	1	上海市	宁波市							2
	2	无锡市	苏州市	杭州市						3
	3	南京市	徐州市	常州市	扬州市	镇江市				5
	4	合肥市	铜陵市							2
	5	南通市	舟山市							2
	6	衢州市	嘉兴市	温州市	金华市	绍兴市	台州市	丽水市		7
	7	湖州市	盐城市	宿迁市	连云港市	淮北市	宿州市	亳州市	泰州市	8
	8	芜湖市	蚌埠市	淮南市	马鞍山市	安庆市	黄山市	滁州市	阜阳市	9
		宣城市								
2018	1	上海市	杭州市	宁波市						3
	2	南京市	无锡市	常州市	苏州市					4
	3	泰州市	南通市							2
	4	合肥市	扬州市	镇江市						3
	5	铜陵市	徐州市	芜湖市	马鞍山市					4
	6	连云港市	盐城市	宿迁市	蚌埠市	淮南市	淮北市	安庆市	滁州市	12
		阜阳市	宿州市	亳州市	宣城市					
	7	金华市	温州市	嘉兴市	湖州市	绍兴市				5
	8	衢州市	舟山市	台州市	丽水市	黄山市				5

表 3.13　2004~2018 年长三角城市群绿色发展效率网络凝聚子群密度

年份	凝聚子群	1	2	3	4	5	6	7	8
2004	1	0.000	0.000	0.000	0.125	0.583	0.625		
	2	0.000	0.500	0.000	0.000	0.000	0.000		
	3	0.000	0.000	0.000	0.000	0.000	0.000		
	4	0.000	0.000	0.000	0.500	0.500	0.583		
	5	0.167	0.000	0.000	0.333	0.033	0.000		
	6	0.042	0.000	0.000	0.083	0.000	0.000		
2009	1	0.833	0.667	0.667	0.667	0.583	1.000	0.852	1.000
	2	0.667	0.000	0.000	0.222	0.083	0.048	0.852	0.905
	3	0.667	0.000	0.000	0.000	0.000	0.500	0.111	0.286
	4	0.000	0.000	0.000	0.000	0.000	0.000	0.296	0.238
	5	0.000	0.000	0.000	0.000	0.000	0.000	0.056	0.000
	6	0.429	0.048	0.000	0.000	0.024	0.000	0.000	0.041
	7	0.000	0.037	0.000	0.111	0.028	0.000	0.129	0.000
	8	0.524	0.571	0.000	0.238	0.000	0.000	0.000	0.217
2014	1	0.368	0.333	0.000	0.000	0.000	0.429	0.125	0.278
	2	0.167	0.167	0.400	0.333	0.500	1.000	0.750	1.000
	3	0.000	0.133	0.250	0.100	0.000	0.029	0.775	0.711
	4	0.000	0.000	0.000	0.500	0.000	0.000	0.063	0.778
	5	0.000	0.333	0.000	0.000	0.000	0.000	0.000	0.056
	6	0.071	0.190	0.000	0.000	0.000	0.024	0.000	0.016
	7	0.000	0.208	0.150	0.125	0.000	0.000	0.036	0.042
	8	0.000	0.074	0.178	0.556	0.000	0.000	0.000	0.139
2018	1	0.185	0.500	0.333	0.000	0.583	1.000	1.000	0.933
	2	0.500	0.333	1.000	1.000	1.000	1.000	1.000	0.900
	3	0.000	0.875	0.000	0.333	0.125	1.000	0.100	0.000
	4	0.000	1.000	0.333	0.333	0.583	0.917	0.133	0.200
	5	0.000	0.750	0.000	0.500	0.083	0.500	0.000	0.000
	6	0.056	0.688	0.125	0.778	0.396	0.076	0.050	0.017
	7	0.667	0.800	0.000	0.067	0.000	0.267	0.250	0.360
	8	0.200	0.100	0.000	0.000	0.000	0.000	0.000	0.050

（4）核心—边缘结构分析。

本小节采用核心—边缘模型分析长三角城市群绿色发展效率空间关联网络中 38 个城市节点所处位置，同时利用 Ucinet 软件将长三角城市群绿色发展效率联系网络分为核心区与边缘区（见表 3.14）。

从表 3.14 可以看出，长三角城市群各城市绿色发展效率的联系网络在 2004~2018 年呈现核心区扩大、边缘区逐渐减小的发展趋势。具体来看，2004 年长三角城市群内有 7 个节点城市为网络核心区成员，而且这 7 个节点城市分布于上海市、江苏省。2009 年江苏省新增南京市为核心区，安徽省则有安庆市等 4 个城市由边缘区转为核心区，浙江省新增杭州市为核心区。2014 年安徽省有铜陵市由网络边缘区转为核心区。2018 年浙江省有宁波市和绍兴市由边缘区转为核心区，而安徽省则有阜阳市等 2 个城市由边缘区转为核心区。总的来说，上海和江苏省始终为长三角城市群绿色发展效率联系网络的绝对核心区域，浙江省和安徽省则是逐步由边缘区发展为核心区域。

表 3.14　长三角城市群绿色发展效率联系网络的核心—边缘结构

省份/直辖市	2004 年核心区	2009 年新增核心区	2014 年新增核心区	2018 年新增核心区	始终为网络边缘区
上海市	上海市				
江苏省	无锡市、常州市、苏州市、扬州市、镇江市、泰州市	南京市			南通市、徐州市、连云港市、盐城市、宿迁市
浙江省		杭州市		宁波市、绍兴市	温州市、嘉兴市、金华市、衢州市、舟山市、台州市、丽水市
安徽省		安庆市、马鞍山市、滁州市、宣城市	铜陵市、芜湖市、淮南市	阜阳市、宿州市	合肥市、蚌埠市、淮北市、黄山市、亳州市

3.5 本章小结

本章首先采用 SBM 方法系统测算了 2004～2018 年长三角城市群 38 个城市的绿色发展效率水平。其次，利用 Dagum 基尼系数进一步揭示了长三角城市群绿色发展效率的地区差异及其来源，采用 Kernel 核密度估计以及 Markov 链方法分析了长三角城市群绿色发展效率分布的长期演进趋势。最后，利用修正的引力模型和社会网络分析方法刻画并解构了长三角城市群绿色发展效率的空间网络关联特征。结果显示：①总体来看，在 2004～2018 年这一考察期内，长三角城市群大多数城市绿色发展效率水平值有了显著的提高，但是长三角城市群绿色发展效率呈现出非均衡的状态，各城市之间绿色发展效率水平存在较大差异，其中，长三角城市群省际间的差异是影响长三角城市群绿色发展效率总体区域差异的主要因素；②从长三角城市群绿色发展效率的分布动态来看，长三角城市群总体绿色发展效率水平经历了由下降到上升的演变，且高水平城市数量逐年增加的变化过程，同时，长三角城市群绿色发展效率水平存在"俱乐部趋同"的现象；③从网络空间关联来看，长三角城市群绿色发展效率的网络关联不断趋于紧密，各个城市在绿色发展方面的相互联系逐渐在增强，但是各城市在绿色发展方面的联系还仅仅处于一种弱联结分布状态；④从凝聚子群的分析结果来看，地理空间距离并不能限制长三角城市群内不同城市之间实施绿色协调发展，但是就目前而言，长三角城市群内还未能形成稳定的、联系密切的绿色发展效率网络空间结构；⑤从核心—边缘结构分析来看，总的来说，上海和江苏省始终为长三角城市群绿色发展效率联系网络的绝对核心区域，浙江省和安徽省则是逐步由边缘区发展为核心区域。

第 4 章

长三角城市群市场一体化对绿色发展效率影响的机理分析

本章首先从规模效应、竞争效应以及配置效应分析了市场一体化对绿色发展效率的直接影响,然后从产业结构调整以及科技创新等视角分析市场一体化对绿色发展效率的间接影响,本章的机理分析为后面的实证分析提供理论支撑与思路。

4.1 市场一体化对绿色发展效率的直接影响

绿色发展效率作为绿色发展水平的测度标准,其本质在于既实现经济增长又兼顾资源节约与环境保护(Zhu et al.,2019;何爱平和安梦天,2019),这符合当前我国绿色发展转型的客观要求(赵领娣等,2016)。同时,对于目前中国的区域发展而言,市场一体化既是中国区域发展的主要趋势又是推动地区经济演变的重要引擎(孙元元和张建清,2017)。已有研究也表明,市场一体化不仅具有一定的经济效应(徐现祥等,2007;杨林和陈喜强,2017;付强,2017;景维民和张景娜,2019),而且还具有一定的环境影响效应(张可,2019;卞元超,2019;Shao et al.,2019;胡艳和张安伟,2020)。因此,本节的机理主要是从市场一体化如何影响经济增长以及市场一体化如何影响节能减排两个方面来反映市场一体化对绿色发展效率的具体影响,从而为后面的实证分析提供理论支撑。具体来说,市场一体化可以促进要素实现跨区域自由流动,并进一步发挥市场规模效应、竞争效应以及要素配置效应等促进绿色发展效率水平的提升,如图4.1所示。

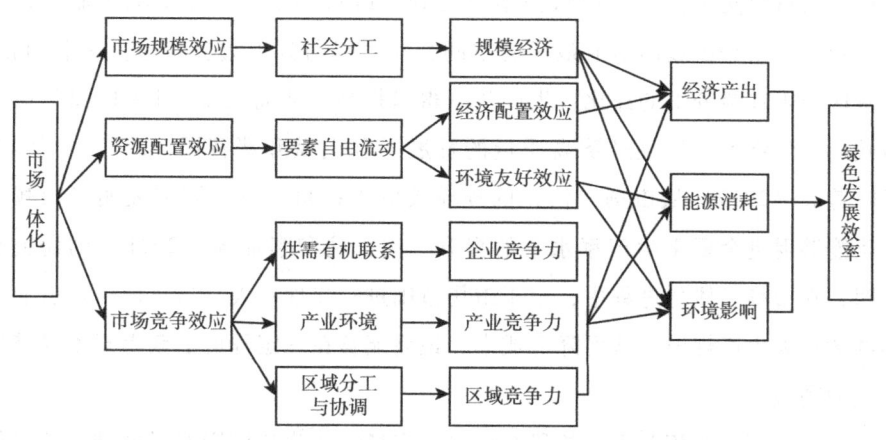

图4.1 市场一体化影响绿色发展效率的机制框架

(1) 市场规模效应。

市场规模效应的理论基础主要来源于"市场范围"假说,其中,英国经济学家亚当·斯密在其经典著作《国富论》一书中明确指出,社会分工是否精细在一定程度上取决于市场范围的大小,如果社会分工的程度越来越朝着精细化趋近,此时规模经济也就会变得更加显著,并且也会使生产效率变得越高(黎文勇和杨上广,2019)。同时,随着区域经济的进一步发展,有关规模经济问题的研究已不仅是关注在于企业相关的微观层面,而有关空间层面的规模经济也逐步受到学者们的重点关注。尤其是市场一体化清晰地表明了在不同区域间建立了共同的市场或大市场,这将极大地增强地区市场规模效应(孙博文,2017)。因此,学者们大多认为市场一体化作为制度保障,能够不断促进经济增长,还有助于保护生态环境与提高绿色增长效率。具体而言:

一方面,市场一体化促使各地区经济实现专业化分工,从而获得比较优势和规模经济,最终实现经济增长(柯善咨和郭素梅,2010;盛斌和毛其淋,2011)。首先,Scitovsky的大市场理论认为,区域市场一体化使要素能够实现自由流动,并且进一步扩大了地方竞争,进而有效地增加了市场需求和提升了规模效应。同时,由于规模外部性可以使企业成本明显地下降,从而使消费者的实际购买力得以增加,这又会进一步地刺激企业加大相关投入,因此,在这种良性的发展情形下,地方经济会迎来快速地增长。其次,在一体化区域内,生产要素可以实现自由流动从而不再受到行政边界束缚,在市场机制的作用下,资源要素在区域内形成最优的空间分布格局与分工组合状态。一般而言,随着区域内社会分工的深化,生产效率得以提高,从而实现"1+1>2"的产出效应,最终促进区域经济高质量的发展(郭湖斌和邓智团,2019)。例如,王晓芳等(2019)从市场一体化的规模效应等视角出发,研究表明了市场一体化能够促进全要素生产率水平的提升。周正柱和李瑶瑶(2021)的研究也表明,在市场一体化进程中,由于市场范围进一步地扩大,这就使生产者有意愿继续扩大生产规模,从而降低成本,最终能够在一定程度上获得规模经济所产生的利益。

另一方面,有相关方面的研究提出了市场一体化如何影响污染排放的具体作用机制,研究后认为,若区域间实现市场一体化之后,那么就会使区域间劳动力流动与投资越发自由与便捷,这将进一步推动地区专业化分工以及规模效应的发挥,进而有效提升地区的能源使用效率,最终使企业达到节能减排的效果(贺祥民等,2016)。具体而言,首先,市场一体化可以将区域间各个切割成分散零碎的市场统一为一个大的市场,进而使区域间实现专业化分工,商品和要素实现跨区域自由流动,并在区域间形成规模效应,最终这将使能源要素利用能够充分发挥规模效应。其次,市场一体化能够使区域间各省区市经济的良性竞争,使地方政府不会为追求短期内的增长而建设高耗能、高污染的企业。最后,市场一体化能够消除地区间合理的企业兼并与重组的障碍,使区域间具有高水平生产技术的企业能够顺利地进入,进而淘汰生产技术落后的高耗能企业,最终在区域间形成产业集中与有效的规模优势,能源投入大大地降低(祁晓凤,2019)。此外,还有学者也认为市场一体化程度的提高将有助于增加本区域内部企业的生产总量。虽然有可能在一定程度上增加本区域内部的污染物排放量,但是周边地区可通过贸易的形式进行污染转移,这将改善相邻或相近地区的环境(龚新蜀等,2021)。

(2)资源配置效应。

在资源禀赋结构一定时,劳动力以及资本等各种生产要素资源在不同的部门、地区或者企业间的配置方式决定总量产出,这就是资源配置效率。所谓资源错配,就宏观层面而言,其代表资源未能被充分利用;就中微观层面而言,其意味着生产要素在不同的部门、地区以及企业之间所得到的边际产出并不一致(刘瑞翔,2019)。而对于提升地区经济总量与生产率水平以及促进经济发展而言,资源有效配置则十分重要(王磊和邓芳芳,2016)。市场一体化作为推动区域经济一体化进程中十分重要的组成部分,其在这一过程之中不仅能够有效发挥市场资源配置决定性作用,同时也能推动中国经济转型发展(杨丹丹,2019)。根据现有相关研究,本小节将市场一体化的资源配置效应分别分为经济增长配置效应和环境友好配置效应,从而分析市场一体化的配置效应如何影绿色经济效率。具体分析内容如下:

一方面,市场一体化可以通过改变资源配置效率从而影响地区生产率。首先,市场一体化会使市场价格机制在资源配置中发挥关键性作用,这将使要素可自由流动于不同地区间,资源的边际产出在不同地区、企业间保持一致,这将促使企业以最优的资源配置投入生产,从而进一步提升企业生产率。其次,市场一体化还可以通过调整和优化区域产业结构,使产业能够转出相对较为落后的区域,从而使生产要素能够最终转移到那些"回报率"更为优厚的行业(蔡昉等,2009),进一步提升地区生产率。再次,市场一体化能够促进高、低技能劳动力实现互补,同时也能够促进人力、物质资本的有效匹配。具体而言,拥有高、低技能的劳动者之所以能够实现技能互补,主要是因为在于劳动力的分工,随着市场一体化水平的提升,相应的劳动力分工也就越来越精细,不同技能劳动力之间的联系也就越发紧密,且互补性也就越强,具有高技能的劳动力其生产率相对越高,这就进一步要求实现高技能劳动力与高技术物质资本实现结合,从而最终形成人力资本与物质资本合理的匹配(孙博文,2017;王晓芳等,2019)。最后,市场一体化还能够有效降低"寻租"行为的活动空间,从而使生产要素能够从政治关联企业配置到具有高效率的企业,最终提高全行业生产率(胡艳和张安伟,2020)。

另一方面,市场分割会造成资源要素错配,加剧环境污染(Bian et al.,2019)。而市场一体化可以通过加强自主创新和强化区域合作等路径优化区域资源要素配置,进而有利于绿色发展。首先,市场一体化可以降低区域间的分割壁垒，从而推动资源要素的良性流动，有利于促进绿色技术创新和各类节能减排技术的推广应用，为减轻环境污染奠定了现实基础（张可，2018；Song et al.，2019）。其次，由于市场一体化能够合理配置要素资源，使要素资源能够在市场中自由流动，那么资源匮乏地区将能够获取到更加低廉的外地资源，将有助于减少本地区不合理开采、冶炼等问题，这都会进一步减缓大气污染物排放。最后，市场一体化通常还能够将区域内相对落后产业、产能淘汰，进一步使拥有较高生产率和能源利用效率的企业能够获取更多的资源，从而降低生产过程中不必要的能源效率损失，最终有助于提升区域碳排放效益（黎文勇等，2018）。

（3）市场竞争效应。

对于大多数地方政府来说，采取市场分割政策是一个相对占优的策略，这样可以带来一定的经济收益，但同样也会极大地损害企业的整体规模与竞争实力，且妨碍"中国制造"向全球价值链高端跃升，最终不利于降低经济碳排放进而实现经济低碳转型（彭星和李斌，2013；吕越等，2018）。因此，一个地区要想实现良好的市场选择机制，其重要前置条件就是必须做到"竞争公平有序"，这就需要进一步地消除那些阻碍市场公平竞争的不合理规定和做法，从而最终打破存在于区域间的各种垄断（王磊和张肇中，2019）。市场一体化促进绿色发展效率提升的竞争效应主要表现为以下几个方面：

首先，市场一体化能够促进供给与需求间的有机联系，且能实现资源要素在跨区域的自由流动，这就会在形成一个较为完善的区域经济分工与合作的市场机制基础上，使企业的市场竞争力得到极大提升（董龙云等，2008）。同时，在市场一体化的环境中，市场机制的作用下企业不再享受到来自地方政府一系列的行政保护，这就倒逼企业不得不加大对R&D的投入以应对激烈的市场竞争，将加快低碳环保生产技术的出现。其次，市场一体化也在一定程度上有利于提升区域的产业竞争力。在市场机制作用下，产业发育程度与发展方向通过相应的竞争可以完整反映出来，并不会受到地方政府保护等壁垒的影响，因而可以在区域内形成良好的产业竞争环境，同时由于企业在市场上能够自由地获取所需的生产要素，最终就会促进产业结构转型以及产业竞争的提升。最后，随着区域市场一体化水平的不断提升，地方政府不再采取"逐底竞争"

的环境政策，这将极大提高污染治理效率以及能源效率。同时，市场一体化还有利于区域分工协作，进而提升区域综合竞争力（曹卫东等，2012）。在一体化过程中，区域环境规制和污染联合治理等相关政策协同度不断提高，这将有利于共同减排。

（4）关系原理。

参照 Ciccone 和 Hall（1996）、Ciccone（2002）、林伯强和谭睿鹏（2019）以及郭爱君和张娜（2020）的做法，构建数理模型分析市场一体化影响绿色发展效率的作用机制。假设生产函数符合 C-D 形式，那么其生产函数可以由以下形式表示：

$$Y = AF(L,K) \tag{4.1}$$

其中，Y 表示总产出，L 表示劳动力投入，K 表示资本投入。假设企业生产一种资本密集型产品 Q，在生产产品 Q 的过程中会产生相应的污染排放 P，从而产生负外部性。由科斯定理可知，当产权能够被清楚地界定时，企业就要为在生产过程中所排放物的污染物承担相应的费用。因此，理性的企业此时就会在现有生产资料约束情形下对正常产出和非期望产出做出选择，从而实现自身的利润最大化。假设厂商用于减少非期望产出的生产资料占总生产资料的比例为 θ，$0 \leq \theta \leq 1$。当 $\theta = 0$ 时，F 为企业的潜在生产能力，当 $0 < \theta \leq 1$ 时，厂商用于生产的生产资料为 $1 - \theta$，其实际产量为 $(1-\theta)Y$。因此，我们可以得到企业生产的期望产出和非期望产出的表达式为：

$$期望产出产量\ Q = (1-\theta)AF(L,K) \tag{4.2}$$

$$污染排放量\ P = \varphi(\theta)AF(L,K) \tag{4.3}$$

其中，$\varphi(\theta) = A^{-1}(1-\theta)^{\frac{1}{\delta}}$，表示排污函数，$0 < \delta < 1$。

此时，借鉴张可（2018）的做法，用非期望产出占正常产出的比重来表示污染排放强度 ω，即将式（4.3）代入式（4.2）可以得到污染排放强度，具体形式如下：

$$\omega = \frac{P}{Q} = \frac{\varphi(\theta)AF(L,K)}{(1-\theta)AF(L,K)} = \frac{A^{-1}(1-\theta)^{\frac{1}{\delta}}}{(1-\theta)} \tag{4.4}$$

同时，本章在参考 Hulten 等（2006）、刘生龙和胡鞍钢（2010）、毛其淋和盛斌（2011）以及孙博文等（2016）学者的做法，假定 A 是多元组合，其具体形式为：

$$A = A_0 \times seg_{it}^{\varepsilon} \tag{4.5}$$

其中，A_0 表示初始的生产效率水平，seg_{it} 表示市场一体化水平，ε 表示的是市场一体化水平对生产率的影响弹性。

将式（4.5）代入式（4.4）可以得到：

$$\omega = \frac{A_0^{-1} seg_{it}^{-\varepsilon}(1-\theta)^{\frac{1}{\delta}}}{(1-\theta)} = A_0^{-1} seg_{it}^{-\varepsilon}(1-\theta)^{\frac{1-\delta}{\delta}} \tag{4.6}$$

进一步地，将式（4.6）左右两边同时对市场一体化求导数可得：

$$\frac{\partial \omega}{\partial seg_{it}} = -A_0^{-1} \varepsilon\, seg_{it}^{-\varepsilon-1}(1-\theta)^{\frac{1-\delta}{\delta}} < 0 \tag{4.7}$$

由式（4.7）可知，污染排放强度对市场一体化的一阶导数小于 0，表明随着市场一体化水平的提升，污染排放强度逐渐减小。

4.2 市场一体化对绿色发展效率的间接影响

4.2.1 市场一体化、产业结构调整与绿色发展效率

（1）产业结构调整的理论基础。

产业结构调整理论最早可追溯至 17 世纪后期英国经济学家威廉·配第对于产业结构的讨论，其研究了世界部分国家的产业发展情况，认为世界上部分国家国民收入存在巨大差异的原因在于它们产业结构有所不同。在威廉·配第之后，英国经济学家亚当·斯密同样在其经典著作《国富论》中进一步阐述了产业部门、产业发展及资本投入应当按照农工批零商这样的顺序（马雯雯，2009）。自此，学术界也就逐渐展开对产业结构调整理论的进一步研究。1940年，英国经济学家克拉克证实了配第的研究观点，也即后来的配第—克拉克定律。随后，美国经济学家西蒙·库兹涅茨进一步将现有的研究主要聚焦于劳动力投入结构拓宽到了国民收入的产出结构上，其研究后认为，产业结构会在国民收入不断增加这一前提条件下，最终一定会朝着"三二一"分布的产业格局方向发展，此外，经济学家刘易斯在 1954 年提出了二元经济结构理论。总体而言，在后续的研究中不管是配第—克拉克定律、刘易斯二元结构理论抑或

是赫希曼的不平衡增长理论,产业结构调整的核心内涵主要是转变经济发展方式,实现产业结构与社会供给需求、技术发展相适应,从而使国民经济朝着可持续方向发展(涂建,2019;郑艳,2019)。

其中,产业结构调整不是一成不变的状态,而是一个不断向均衡状态逼近的动态升级过程(苏宏伟,2017),在这一过程中包含产业结构合理化和产业结构高级化两个维度。一般而言,国民经济是否能够实现持续增长有赖于资本、劳动和技术等生产要素的不断投入以及生产要素之间的均衡配置,而产业结构是否合理作为经济持续增长的客观条件,其在一定程度上决定了生产要素配置的效果(孙潇,2017)。产业结构高级化则主要是指产业结构比例高度化,特别是主导产业逐渐由开始的第一产业向第二产业和第三产业的转移,从而实现产业结构向高级化的变迁。

(2)市场一体化对产业结构调整的影响。

由于区域间长期存在市场分割造成了产业配置不合理和产业结构趋同的现象(陈庆江等,2018),这将会引发区域间的不必要竞争,造成资源浪费,从而无法有效发挥地区比较优势,使区域发展各自为政难以协调,最终阻碍经济长期稳定增长。仝文涛和顾晓光(2019)的研究也认为,市场分割严重阻碍了制造业的转型升级,从而不利于区域间产业合理化配置。与市场分割截然相反的是,市场一体化可以引导各地方找准发展相对优势,并合理规划相关产业,这将极大地促进产业结构高度化发展,最终有利于经济高质量发展(陈喜强和邓丽,2019)。一方面,市场一体化使要素在区域间实现自由流动,从而推动各地区要素禀赋结构的升级。根据新结构经济学理论,一个经济体的产业结构主要是由其要素禀赋结构所决定的,因此,要素禀赋结构的升级将会进一步促使产业结构升级(赵海峰和张颖,2020)。另一方面,市场一体化可以极大地改变地方过去主要聚焦于第二产业和重工业的局面(陈其林等,2005)。随着区域市场一体化程度的上升,在环境保护法律法规较为严格的地区,由于在环境要素方面存在相应的劣势,使这些地区不得不从其他地区引入成本更低的产品,以此减少相应产品在本地区进行生产,进而减少污染产业在本地区所有产业中所占的比例(龚新蜀等,2018;豆建民和崔书会,2018),使原本过度集中于第二产业的资源流入第三产业,最终实现产业转型升级。

(3) 产业结构调整对绿色发展效率的影响。

产业结构调整是当前中国绿色发展转型的重要途径之一，其可有效促进污染物排放削减并推动增长动力的良性转换（赵领娣，2016）。从动态视角来看，产业结构调整也可视为合理化和高级化两个不同的层面（干春晖等，2011）。产业结构合理化的主要内涵为生产要素根据具体的需求结构进行合理配置，以实现在生产率水平和资源禀赋制约下的产业协调发展；产业结构高级化主要是通过改变一二三产业之间所占的比重或者提升劳动生产效率来反映（韩永辉等，2017）。自进入经济新常态以来，中国经济转向不再是追求以数量的增长而是追求质的增长，因此，持续的产业结构调整和优化是实现经济由量到质的根本前提（汴元超等，2020）。产业结构调整对经济增长的影响可以从合理化和高级化两个方面来体现。一方面，在产业结构合理化过程中，生产要素的组合逐渐由不合理的状态趋于最佳配置状态，此时的产业结构也会更加契合需求结构，继而实现经济增长；另一方面，在产业结构逐渐由第一产业向第二、第三产业升级的过程中，经济增长不再是以由要素驱动为主，此时逐渐转向创新驱动，因此，在这一过程中促进新技术、新业态的产生，进而提高地区经济增长质量。此外，产业结构的优化升级可以营造良好的经济发展空间，改善市场预期，这有利于刺激消费和增加投资规模，从而带动经济增长。

同时，李斌和苏珈漩（2016）、韩晶等（2019）证实了产业高级化以及产业结构合理化对于绿色增长均具有显著的正向作用。具体而言，产业结构高级化由传统向先进生产方式转变，依靠技术创新来推动节能减排，从而实现生态环境质量总体改善（孙叶飞等，2016）。合理化不仅体现了产业部门之间的高耦合度，还体现为资源的高利用率（干春晖等，2011）。当前中国经济发展的动力正在逐步转变，资本以及劳动力等生产要素向第三产业集聚，促使产业结构随之改变（于斌斌，2015），进而在一定程度上改变环境污染空间格局。因此，产业结构合理化会不断调整产业分布情况，合理配置资源，加强投入与产出的联系程度，实现节能减排与污染治理的有机协调，从而推动区域绿色发展。

综上所述，一方面，市场一体化通过消除区域间产业配置不合理和产业结构趋同的现象，从而促使产业结构转型升级；另一方面，在产业结构合理化过程中，生产要素的组合逐渐由不合理的状态趋于最佳配置状态，此时的产业结构也会更加契合需求结构，继而实现经济增长。同时，产业结构高级化是由传统向先进生产方式转变的，可以实现生态环境质量总体改善。因此，产业结构调整可能是市场一体化影响绿色发展效率的一个渠道，三者之间的传导关系如图 4.2 所示。

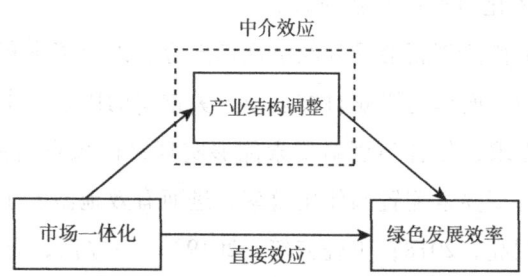

图 4.2　市场一体化、产业结构调整对绿色发展效率影响的传导机制

4.2.2　市场一体化、科技创新与绿色发展效率

（1）科技创新的理论基础。

创新理论最早来源于亚当·斯密与卡尔·马克思两位学者基于对技术进步与经济关系的分析。20 世纪初期，美籍奥地利经济学家熊彼特率先将"创新"纳入经济增长的内生变量。熊彼特指出，经济发展不是静态的，而是一个动态演进的发展过程，在这一过程中会不断将创新纳入经济体系中，从而对生产要素和生产方式进行重新组合，使原有较为落后的生产方式得以极大的改善，从而可以促进经济持续发展。在熊彼特之后，科技创新逐渐受到了经济学家广泛的关注。西方学者伊诺思、克里斯托弗·弗里曼、缪尔赛等在熊彼特的基础之上对科技创新的内涵、特征、内容进行了更加深入的研究，从而使科技创新理论逐步形成了一个较为完善的理论框架。近年来，随着绿色可持续发展的观念深入人心，国内外学者不仅研究科技创新对经济增长的影响，同时也愈加重视科技创新与绿色发展的融合，因此，进一步丰富了科技创新的理论。

尽管绿色发展理念主要强调的是在资源环境约束条件下，实现经济、社会、环境三个方面的协调可持续发展，但经济、社会以及环境当中的每一个方面的发展都离不开科技创新（肖黎明等，2019）。科技创新与绿色融合，一方面是基于企业需求所产生的融合，另一方面也是期望通过绿色技术能够引导产业朝着绿色化方向转型以及经济增长方式转变（孙毅，2012）。王亚平等（2017）研究也认为，科技创新能够为中国实现区域绿色发展提供重要的路径支持，主要是通过促进绿色生产和消费来实现。

（2）市场一体化对科技创新的影响。

在通常情况下科技创新会受到经济规模效应、人力资本积累效应以及要素匹配效应等的影响。而作为影响科技创新至关重要的因素，市场一体化促进了市场规模和有效需求，使各类创新要素能够实现跨区域自由流动和有效集聚，将会极大地提升创新要素配置和使用效率，进而有效地激发了社会科技创新动力（陈庆江和赵明亮，2018；王晓芳等，2019）。一方面，企业的研发创新活动可带来规模经济效益，促进其热衷于进行 R&D 活动，而市场一体化则进一步增强了企业技术创新的积极性，从而促进了企业技术创新能力的形成和提高；另一方面，区域间市场一体化水平逐渐提升能够促使创新要素在不同区域之间进行自由流动，而其在跨区域自由流动过程中能够进一步地促进技术与知识在区域间的扩散，最终促进技术创新（邓峰和杨婷玉，2019；白俊红和刘怡，2020）。此外，从商品市场、劳动力市场与金融市场的情况来看，商品市场一体化能够削弱不同区域之间的市场壁垒，这对于增强工业企业的科技创新动力，并最终提升科技创新效率极为有利（杨振兵，2016）；科技创新离不开人才，而在区域劳动力市场一体化的作用下，人才能够突破区域间的各种行政壁垒，实现跨区域自由流动，这就使人才所具有的知识能够在区域间扩散，进一步增强人才在区域间流动对科技创新的知识溢出效应；从金融市场一体化的视角来看，随着金融市场一体化程度的逐渐加深，其能够有力地推动落后国家的技术进步（崔远森和李昌克，2016）。

（3）科技创新对绿色发展效率的影响。

一方面，科技创新能够有效缓解经济增长与生态环境矛盾，是实现可持续发展的关键驱动力（Hasan and Tucci，2010）。从期望产出的视角来看，科技创新能够提高生产力水平，即在保持相同投入的基础上实现经济增长（Jung et al.，2017）。技术进步是促进经济增长最重要措施之一，其通过人力资本积累、技术模仿和学习,从而提高生产力水平,也就是说,在同等的要素投入下,它可以带来更多的产品或服务(Wang and Wang, 2019)。喻开志等(2016)研究了科技创新对于经济增长的具体影响,研究结果显示,科技创新能够显著地正向影响本地区内的经济增长。李光龙和范贤贤(2019)的研究也得到了类似的结果,即科技创新有效促进企业生产效率的提升。

另一方面,科技创新的进步不仅能够有效驱动经济不断向前发展,同时也能够为生态环境的治理与保护提供技术支持,而且生态环境也逐渐成为科技创新以及经济发展的重要保障(段新等,2020)。从非期望产出的视角来看,科技创新可以优化能源结构。其不仅有助于增强企业生产效率,而且还通过提高能源利用效率,降低生产能耗(张三峰和魏下海,2019),从而减少工业废气、废水、粉尘等非期望产出的排放。此外,科技创新带来新技术的应用及其扩散可以进一步促进高附加值产业的科技要素,实现人才和技术优势资源的集聚,提高绿色转型效率,加速绿色转型。同时,何兴邦(2019)的研究也认为技术创新水平使单位的非能源类生产要素投入占比逐渐增多,这就使可以减少对能源的使用,进一步实现降低能源强度,最终降低生产中的污染排放。

综上所述,市场一体化一方面增强了企业技术创新的积极性;另一方面,区域间市场一体化水平逐渐提升能够进一步地促进技术与知识在区域间的扩散,最终促进技术创新。科技创新不仅能够有效驱动经济不断向前发展,同时也能够为生态环境的治理与保护提供技术支持,从而促进区域绿色发展效率水平的提升。因此,科技创新可能是市场一体化影响绿色发展效率的一个渠道,三者之间的传导关系如图4.3所示。

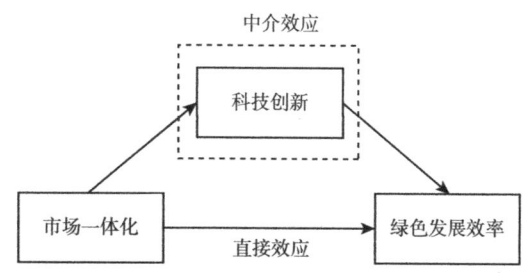

图 4.3 市场一体化、科技创新对绿色发展效率影响的传导机制

4.3 本章小结

本章对市场一体化影响绿色发展效率的机理进行分析，旨在为后面实证研究两者的关系及其作用机制奠定理论基础。机理分析的内容具体如下：

（1）分析了市场一体化对绿色发展效率的直接影响效应，即市场一体化是分别从市场规模效应、竞争效应以及要素配置效应等促进绿色发展效率水平的提升，最后通过构建数理模型分析了市场一体化能够降低污染排放强度。

（2）分析了市场一体化对绿色发展效率影响的中介效应。基于理论基础，从产业结构调整、科技创新的视角分析了市场一体化对绿色发展效率的间接影响，并分别提出了产业结构调整的中介效应以及科技创新的中介效应的具体间接影响路径。

第 5 章

长三角城市群市场一体化对绿色发展效率影响的实证分析

本章着重进行长三角城市群市场一体化对绿色发展效率影响的实证分析。首先,主要构建本书的实证模型并对选取的各类变量进行一一说明,其中重点强调了解释变量市场一体化的测度;其次,以商品市场一体化、劳动力市场一体化、金融市场一体化以及三大市场的综合一体化为核心解释变量,以 SBM 模型测度的绿色发展效率为被解释变量,进行基准回归分析,并对结果进行稳健性检验;最后,在基准回归的基础之上进一步分析了长三角城市群市场一体化对绿色发展效率的空间溢出影响。

5.1 模型设定与变量说明

5.1.1 基准回归模型设定

根据第 4 章的理论分析,并借鉴李雪松等(2017)的做法,本章构建如下基本回归方程实证考察长三角城市群市场一体化对绿色发展效率的影响,具体回归方程如下:

$$Green_{it} = \alpha_0 + \alpha_1 Integration_{it} + \alpha_i \sum_{i=2}^{k} X_{it} + u_i + v_t + \varepsilon_{it} \qquad (5.1)$$

其中,i 和 t 分别表示个体和年份。$Green_{it}$ 表示地区 i 在 t 期的绿色发展效率水平，X 则为本章所选择的一系列控制变量，具体变量设置详见 5.1.2 小节变量设置。u_i 和 v_t 分别代表不可观测的城市个体特征和时间效应，ε_{it} 则表示随机扰动项。

5.1.2 变量设置

（1）被解释变量。

绿色发展效率（*green*）：根据第 3 章以 SBM 模型所测度的数值作为其代理变量。

（2）核心解释变量。

①市场一体化（Integration）：目前大多文献在测度时主要采用商品市场价格指数或者劳动力市场价格指数这种相对单一的指标来衡量市场一体化程度（桂琦寒等，2006），但通过这样得到市场一体化程度只能单一地反映商品市场或者劳动力市场，不能有效反映中国各大市场之间的空间联动效应（刘华军等，2018）。因此，本章在参考赵奇伟和熊性美（2009）做法的基础之上，将市场一体化范围拓展到了商品市场、劳动力市场以及金融市场。同时参照李增福等（2020）的做法，首先采用商品价格指数、职工平均实际工资指数以及 FH 指数分别测算出三个子市场的市场一体化程度，然后通过主成分分析法计算出综合市场一体化指数（Integration）。

综上所述，长三角城市群市场一体化指数的具体计算过程如下：首先，采用相对价格法来测度商品市场一体化程度（Commodity）；其次，参照都阳和蔡昉（2004）采用工资趋同的做法来测度长三角城市群劳动力市场一体化水平（Labor）；再次，利用有条件的投资率与储蓄率的相关性（FH 系数）来衡量长三角城市群金融市场一体化水平（赵进文和苏明政，2014）；最后，利用主成分分析法来得到商品市场一体化、劳动市场一体化以及金融市场一体化指数的主成分，从而得到长三角城市群综合市场一体化水平指数（孙博文，2017）。

②商品市场一体化（Commodity）：具体原理是采用八大商品价格指数来构造商品市场分割指数的指标，而我们运用八大类商品价格比的对数的一阶差分

的形式来度量其相对价格,即:

$$\Delta Q_{ijt}^k = \ln(P_{it}^k/P_{jt}^k) - \ln(P_{it-1}^k/P_{jt-1}^k) = \ln(P_{it}^k/P_{it-1}^k) - \ln(P_{jt}^k/P_{jt-1}^k) \quad (5.2)$$

其中,i、j 表示地区,t 为年份,k 为部门。为了不使两个地区的放置顺序影响相对价格方差 $Var(\Delta Q_{ijt}^k)$ 的大小,我们对相对价格取绝对值。可以得到:

$$|\Delta Q_{ijt}^k| = |\ln(P_{it}^k/P_{it-1}^k) - \ln(P_{jt}^k/P_{jt-1}^k)| \quad (5.3)$$

进一步地,我们需要考察那些不完全是受到区域差异影响的八大类商品相对价格的绝对值,所以此时有必要排除那些由非同质的商品所造成的不可加现象,这样就能够使最终测度的结果更加真实可靠。

Parsley 和 Wei(1996)认为 $|\Delta Q_{ijt}^k| = \alpha^k + \varepsilon_{ijt}^k$,其中 α^k 为第 k 个部门的自身的某些特性所引起的价格变动,而 ε_{ijt}^k 为第 k 个部门在 i、j 两个地区的市场环境和其他随机因素所导致的价格变动。从以上公式可知,如果没有排除 α^k 所带来的相关影响,就会由于忽略市场环境等因素的相关影响造成高估了商品市场价格,进而会造成商品市场分割测度的结果会产生一定的偏误。因此,本章参考桂琦寒等(2006)做法,排除 α^k 所带来的影响。具体如下:

$$q_{ijt}^k = \varepsilon_{ijt}^k - \overline{\varepsilon}_{ijt}^k = |Q_{ijt}^k| - |\overline{Q}_{ijt}^k| = (\alpha^k - \overline{\alpha}^k) + (\varepsilon_{ijt}^k - \overline{\varepsilon}_{ijt}^k) \quad (5.4)$$

其中,q_{ijt}^k 是去掉固定效应后的相对价格剩余部分,它不再受到其他因素的影响,仅仅与区域间影响商品市场分割以及一些随机因素相关。

Parsley 和 Wei(1996)处理相对价格的方差 $Var(q_{ijt}^k)$ 的方法为:计算 i、j 两地区在给定的时期 t 内各部门之间价格变动平均值的方差 $Var(q_{ijt})$。然后,构造长三角城市群商品市场分割指数,即:

$$Var(q_{nt}) = \left(\sum_{i \neq j} Var(q_{ijt})\right)/N \quad (5.5)$$

由于市场分割与市场一体化之间是一个问题的两面,即它们是反向关系(赵金丽等,2017),因而我们可以得到长三角城市群商品市场一体化指数:

$$Commodity = \sqrt{1/Var(q_{nt})} \quad (5.6)$$

得到的市场一体化指数越大,表明商品市场一体化程度越高。

③劳动力市场一体化(Labor):参照陈红霞和席强敏(2016)以各城市历年实际工资绝对平均偏差值来测度京津冀城市群劳动力市场一体化水平的做

法，其具体测度方法如下。

假设在长三角城市群内总共有 n 个城市，i 代表长三角城市群内具体的某一个城市，t 代表某一时期，ω 代表长三角城市群内某一个城市的实际工资水平，ϖ 代表长三角城市群内所有城市劳动力市场的平均工资，同时，长三角城市群内的城市 j 相对于长三角城市群总体平均工资 ϖ 的偏差为 u_{jt}，最后，对所测度的 u_{jt} 取其绝对平均偏差 U_t，即得到长三角城市群劳动力市场一体化水平，公式如下：

$$\varpi = \sum_{i=1}^{n} \omega_{it}/n \tag{5.7}$$

$$u_{jt} = \omega_j - \sum_{i=1}^{n} \omega_{it}/n \tag{5.8}$$

$$U_t = \sum_{i=1}^{n} |u_{jt}|/n \tag{5.9}$$

④金融市场一体化（Financial）：本章参照赵进文和苏明政（2014）的做法，采用有条件的投资率与储蓄率的相关性（FH 系数）作为衡量长三角城市群金融一体化程度的指标，而 FH 指数越大，表明金融市场分割程度越大，因此，将最终测得的 FH 指数取倒数就得到金融市场一体化水平。具体如下：

首先，长三角城市群内各城市须在原有的投资率和储蓄率基础上分别减去长三角城市群整体的储蓄率和投资率，即：

$$S_{it}^* = S_{it} - S_{-it} \tag{5.10}$$

$$I_{it}^* = I_{it} - I_{-it} \tag{5.11}$$

其中，S_{it} 和 I_{it} 分别表示第 i 个城市在第 t 期的储蓄率与投资率，S_{-it} 和 I_{-it} 分别表示除了第 i 个城市以外的长三角城市群整体储蓄率与投资率。

其次，在式（5.10）和式（5.11）的基础之上将储蓄率、投资率再作回归可以得到：

$$S_{it}^* = \delta_i + \delta_Y Y_{it} + \delta_F F_{it} + \varepsilon_{it}^s \tag{5.12}$$

$$I_{it}^* = \beta_i + \beta_Y Y_{it} + \beta_F F_{it} + \varepsilon_{it}^i \tag{5.13}$$

其中，Y_{it} 表示长三角城市群各个城市的经济波动周期，主要是采用 HP 滤波技术去平滑长三角城市群内各城市经济波动周期，然后将长三角城市群各城

市的滤波后序列减去长三角城市群的滤波后序列得出各城市周期对长三角城市群周期的偏离,从而得到各城市经济波动周期,即:

$$Y_{it} = HP[\log(GDP_{it}) - \log(GDP)] \tag{5.14}$$

其中,F_{it} 表示的是地方政府干预,主要采用长三角城市群内各城市地方政府消费支出占本地 GDP 的比重来衡量。由式(5.12)和式(5.13)得到的两个残差序列 ε_{it}^s 和 ε_{it}^i 进行重新回归,得到新的储蓄—投资相关系数即金融一体化指数(γ 值),即:

$$\varepsilon_{it}^i = \theta + \gamma\,\varepsilon_{it}^s + \mu_{it} \tag{5.15}$$

最后,将所测得的 γ 值取倒数即为本章的金融市场一体化指标。

(3)控制变量。

参照李江龙等(2018)、林伯强等(2019)相关研究,选取控制变量:①固定资产投资(inv):用各地区固定资产投资总额与各地市的生产总值之比表示;②外商直接投资(fdi):选择外商实际投资额占其实际 GDP 的比重来衡量;③政府干预程度(gov):选择财政支出占其实际 GDP 的比重来衡量;④环境规制程度($rate$):选择工业固体废物综合利用率来衡量,即该指标越高,那么代表环境规制程度则越强;⑤城市经济发展水平(gdp):选择实际人均 gdp 来衡量,其中,采用以 2004 年为基期对各城市的人均 GDP 做相应平减,从而得到各城市实际人均 GDP;⑥城镇化水平($city$):选择用各城市城镇人口占总人口的比重来表示。

5.1.3 数据来源

选取 2004~2018 年长三角城市群 38 个地级市及以上城市作为样本进行实证分析。所需数据来源于长三角城市群内各省级和地级市统计年鉴和统计公报,以及国泰安数据库和《中国城市统计年鉴》《中国区域经济统计年鉴》《中国城市建设统计年鉴》等,由作者查阅、整理或价格平减测算获得。此外,为避免在实证检验过程中受到异常值的影响,本章对所有连续变量进行 1% 的缩尾处理。

5.2 实证结果分析

5.2.1 面板单位根检验

面板数据包含时间、截面两个维度，易出现"伪回归"现象（姜松和王钊，2014）。因此，为了避免在建模时出现这一现象，本章在实证考察市场一体化影响绿色发展效率之前，需要对相应的因变量、解释变量和控制变量进行单位根检验。本章采用几种常用的单位根检验形式（即 LLC、ADF – Fisher 以及 PP – Fisher），分别对绿色发展效率（Green）、综合市场一体化（Integration）、商品市场一体化（commodity）、劳动力市场一体化（labor）、金融市场一体化（financial）、固定资产投资（inv）、外商直接投资（fdi）、政府干预程度（gov）、环境规制程度（rate）、城市经济发展水平（rgdp）、城镇化水平（city）等变量进行单位根检验，具体的检验结果如表 5.1 所示。

表 5.1　　各变量的单位根检验

变量	LLC	ADF – Fisher	PP – Fisher	结论
Green	-2.41635 (0.0078)	114.323 (0.0030)	242.408 (0.0000)	平稳
Integration	-4.0680 (0.0000)	224.1621 (0.0000)	113.3853 (0.0035)	平稳
commodity	-6.8717 (0.0000)	93.9683 (0.0794)	161.9247 (0.0000)	平稳
labor	-5.9355 (0.0000)	102.4084 (0.0234)	155.6568 (0.0000)	平稳
financial	-7.4331 (0.0000)	129.2944 (0.0001)	168.4968 (0.0000)	平稳
Inv	-3.7566 (0.0001)	109.2430 (0.0075)	233.4210 (0.0000)	平稳

续表

变量	LLC	ADF-Fisher	PP-Fisher	结论
rgdp	-8.6727 (0.0000)	193.7687 (0.0000)	204.9813 (0.0000)	平稳
fdi	-1.9373 (0.0264)	195.6337 (0.0000)	105.1753 (0.0150)	平稳
gov	-2.0279 (0.0213)	224.1531 (0.0000)	108.4767 (0.0086)	平稳
rate	-2.9530 (0.0016)	99.2518 (0.0380)	200.3410 (0.0000)	平稳
city	-2.3660 (0.0090)	165.0787 (0.0000)	401.0957 (0.0000)	平稳

注：（ ）内为检验统计量的 P 值。

对于以上 LLC、ADF-Fisher 以及 PP-Fisher 等检验方法，其所对应的原假设均为存在单位根。而由表 5.1 的单位根检验结果可知，所有的检验变量不论在何种方法检验下，其均显著性地拒绝其原假设，这说明本章所选择的被解释变量、解释变量以及控制变量均为平稳序列，因此可以直接将上述所有变量进行直接回归分析。

5.2.2 基准回归结果分析

由于本章研究所采用的样本数据年份为 15 年，而城市则有 41 个，这是比较典型的短面板数据，因此，本章参照 Islam（2001）和黄倩等（2019）的做法，选择最小二乘虚拟变量法（LSDV）进行实证研究。因此本章采用 LSDV 法将市场一体化与绿色发展效率纳入计量模型进行"从特殊到一般"检验，具体而言，先逐步增加固定资产投资（Inv）、外商直接投资（Fdi）以及政府干预程度（Gov）等一系列控制变量后，再对全体解释变量进行"一般性"检验，以全面考察市场一体化对绿色发展效率的影响。本章实证考察了市场一体化对绿色发展效率的影响，具体回归结果如表 5.2 所示。

市场一体化与绿色发展效率估计结果及分析如下。

表 5.2　市场一体化与绿色发展效率的回归结果

变量	(1)	(2)	(3)	(4)
Integration	0.1638*** (3.85)	0.1025*** (3.12)	0.0953** (4.27)	0.0826*** (2.98)
Inv		0.0127 (1.32)	-0.0108 (-1.21)	-0.0147 (-0.33)
rgdp		0.1103*** (3.23)	0.0815*** (4.46)	0.0721** (2.05)
fdi			-0.1550*** (-2.95)	-0.0754*** (-5.38)
gov			0.6390** (2.06)	0.5279** (2.18)
rate				0.2932 (1.22)
city				0.2646*** (3.96)
常数项	0.8393*** (41.15)	0.7340*** (7.17)	0.7407*** (7.34)	0.8905*** (4.82)
个体固定效应	控制	控制	控制	控制
时间固定效应	控制	控制	控制	控制
N	570	570	570	570
R^2	0.2062	0.1189	0.1226	0.1685

注：* $P<0.1$，** $P<0.05$，*** $P<0.01$；括号内的数值为 t 值。

表 5.2 中第（1）列至第（4）列是逐步增加固定资产投资（Inv）、外商直接投资（Fdi）以及政府干预程度（Gov）等一系列控制变量后，市场一体化对绿色发展效率的影响结果。从表 5.2 的回归结果可以看出，随着逐渐增加控制变量，市场一体化的系数在逐步减小，但是其依然显著为正，最后市场一体化的系数为 0.0826，且在 1% 的显著性水平上显著，即市场一体化水平越高越有利于提升长三角城市群绿色发展效率水平。究其原因，可能是在市场一体化背景下将区域间环境治理问题内部化，实现区域间污染共治，有利于区域间

节能减排（孙博文和雷明，2018）。当地区间市场一体化处于较低水平时，地区间商品和要素受到市场分割的影响从而阻碍其自由流动，导致资源在地区间出现错配现象（Shao et al.，2019），此时地区间在招商、产业结构以及资源使用等几个方面表现出竞争的关系（Chen and Huang，2014），增大了各地方政府牺牲生态环境以达到经济增长的动力，从而降低了环境监管力度，进一步导致地区间的"逐底竞争"（Bai et al.，2018）。同时，在市场分割的状态下也不能以市场化的形式推广新的技术，降低了能源使用效率，不利于地区间的节能减排（Qin et al.，2019）。但是当地区间市场一体化处于较高水平时，新能源技术能够在地区间无障碍地推广和应用（Song et al.，2019），从而使技术创新在地区节能减排中发挥关键性作用（Duanmu et al.，2018）。

从表5.2的控制变量回归系数可以看出，固定资产投资的系数为负数，且不显著。经济发展水平（rgdp）的系数为0.0721，且在5%的显著性水平上显著，说明经济发展水平正向影响绿色发展效率。外商直接投资（fdi）的系数显著为负，说明其对绿色发展效率有着抑制作用，可能是因为外商直接投资的引入会造成东道国成为"污染的天堂"，从而产生负面的"规模效应"（岳书敬等，2015）。政府干预程度（gov）系数显著为正，可能是因为长三角城市群内各城市的节能环保支出在优化经济增长结构方面起到了促进作用，进而能够推动经济实现绿色高质量发展。环境规制（rate）的系数为正，但是不显著，有可能是因为环境规制强度对企业来说主要表现为"成本效应"，不利于绿色发展（张小筠等，2020）。城镇化（city）的系数为0.2646，且在1%的显著性水平上显著，表明城镇化水平的提升能够促进绿色发展效率，可能是因为城镇化可以提高公共社会资源的人均利用率，同时发挥城市生产要素的集聚优势，集中治理环境污染，实现社会资源集约化利用（胡安军等，2018）。

5.2.3 异质性分析

本部分主要是从时间异质性和区域异质性两个维度对市场一体化影响绿色发展效率进行异质性检验，具体的实证检验结果如表5.3和表5.4所示。其中，表 5.3 考察了 2004~2009 年以及 2010~2018 年两个时期市场一体化对绿色发展效率的影响。表 5.4 考察了市场一体化对不同区域绿色发展效率水平的影响。

表 5.3　不同时间段内市场一体化影响绿色发展效率的回归结果

变量	2004~2009 年	2004~2009 年	2010~2018 年	2010~2018 年
Integration	0.0617** (2.08)	0.0579*** (2.68)	0.0976** (2.16)	0.0871*** (3.53)
Inv		-0.0271 (-1.34)		-0.0315 (-0.14)
rgdp		0.0312* (1.71)		0.0398** (2.05)
fdi		-0.0912** (-2.18)		-0.1466*** (-2.62)
gov		0.5122** (2.32)		0.4022*** (3.57)
rate		0.1231 (1.18)		0.4020 (1.36)
city		0.2162** (2.19)		0.4836*** (4.06)
常数项	0.8241*** (2.85)	0.9755*** (5.09)	0.8528*** (19.21)	0.5718** (2.42)
地区效应	控制	控制	控制	控制
时间效应	控制	控制	控制	控制
N	228	228	342	342
R^2	0.2183	0.1388	0.1495	0.1519

注：*$P<0.1$，**$P<0.05$，***$P<0.01$；括号内的数值为 t 值。

（1）不同时间段内市场一体化对绿色发展效率的影响。

实证考察样本数据时间段的不同就很有可能会使市场一体化对绿色发展效率的估计结果产生不同的影响，且由于长三角城市群在 2010 年和 2013 年进行了相应的城市扩容（刘乃全和吴友，2017；邵汉华等，2020），此时长三角城市群区域一体化进入快速发展时期。因此，为了进一步观测不同时间段内长三角城市群市场一体化对绿色发展效率的影响，本书通过将 2004~2018 年的时间样本分为 2004~2009 年以及 2010~2018 年两个时间段进行异质性分析。

表5.3中分别汇报了2004~2009年和2010~2018年两个不同发展阶段长三角城市群市场一体化对绿色发展效率影响的实证结果，从表中5.3可以看出，2004~2009年以及2010~2018年两个阶段的回归系数分别为0.0579和0.0871，且均在1%的显著性水平上显著，证明了在不同发展阶段市场一体化均能提升绿色发展效率水平。同时还可以看出，2010~2018年市场一体化的回归系数明显高于2004~2009年的市场一体化回归系数，究其原因，可能在于2010年以后长三角城市群区域一体化水平不断提升。这不仅给各城市带来了经济显著增长，同时，区域一体化合作水平的进一步加深也显著增强了长三角城市群的减排效应，有利于促进城市群经济的高质量发展（尤济红和陈喜强，2019）。

（2）分区域市场一体化对绿色发展效率的影响。

由前面的分析结果可知，尽管长三角城市群市场一体化能够促进绿色发展效率水平的提升，但是对于长三角城市群来说，绿色发展效率水平各异的城市对市场一体化的反应程度可能存在一定程度的差异。因此，为了分析长三角城市群市场一体化对于不同省市绿色发展效率影响的差异，本章参照李光龙和江鑫（2020）的做法，按照长三角城市群内省份（剔除上海市）分别实证考察市场一体化对绿色发展效率的影响。相应的回归结果如表5.4所示。从表5.4回归的结果可以看出，第（1）列至第（3）列分别对应的是浙江省、江苏省以及安徽省市场一体化对绿色发展效率的影响，三个省份市场一体化系数均显著为正，且均在1%的水平上通过了显著性检验，充分说明对于不同的省份，市场一体化对其影响均为正。同时，还能明显地看出，对于江苏省的市场一体化回归系数要高于浙江省和安徽省的市场一体化回归系数，这也说明长三角城市群内江苏省绿色发展效率水平相较于其他省份对市场一体化的反应更为敏感。

表 5.4　分区域市场一体化影响绿色发展效率的回归结果

变量	省份异质性		
	(1)	(2)	(3)
Integration	0.0883***	0.1253***	0.0557***
	(3.38)	(2.98)	(5.37)
lnv	-0.0235*	-0.0192	0.0131
	(-1.71)	(-1.27)	(0.98)
rgdp	0.0464*	0.0456**	0.0679***
	(1.68)	(2.21)	(6.12)
fdi	-0.6251***	-0.3578***	-0.4931**
	(-2.65)	(-3.17)	(-2.16)
gov	0.3536*	0.1138**	0.4957*
	(1.92)	(2.26)	(1.78)
rate	-0.4386**	-0.2331	-0.1159
	(-2.37)	(-1.58)	(-1.07)
city	0.2652**	0.1931**	0.3216***
	(2.23)	(2.14)	(3.58)
常数项	0.8234***	0.9964***	0.8614***
	(2.95)	(5.57)	(22.52)
地区效应	控制	控制	控制
年份效应	控制	控制	控制
N	165	180	210
R^2	0.1041	0.2301	0.1185

注：* $P<0.1$，** $P<0.05$，*** $P<0.01$；括号内的数值为 t 值。

5.2.4 稳健性检验和内生性分析

为了检验市场一体化与绿色发展效率之间是否具有稳健关系，本部分分别进行以下几个方面的稳健性分析。具体包括重新测度被解释变量、替换解释变量、安慰剂检验、剔除部分观测值、动态 GMM 估计以及工具变量法等，具体情况如下。

（1）稳健性检验Ⅰ：替换被解释变量。

为了确保得到稳健的市场一体化影响绿色发展效率的回归结果，本部分参照刘杨等（2019）的做法，选择资本、能源、劳动力以及技术等4个变量作为对应的投入变量，选择长三角城市群内各城市的 GDP 作为期望产出，同时选择工业"三废"以及碳排放作为非期望产出，进一步对被解释变量进行重新测度。将测得的指标作为前面的被解释变量替代指标进行稳健性检验，实证考察市场一体化对绿色发展效率的影响。同时，本章参照孙博文（2017）的做法，分别采用前面所测度的商品市场一体化、劳动力市场一体化以及金融市场一体化来代替市场一体化这一解释变量指标，从不同的方面来检验市场一体化对绿色发展效率的影响是否具有稳健性。具体回归结果如表5.5所示。

由表5.5的回归结果可以看出，第（1）列展示的是替换被解释变量回归的结果，不管是采用前面未加入技术作为投入变量还是加入技术投入变量所测度的代理变量作为被解释变量，市场一体化的系数为0.0735，且在1%的统计显著水平上显著，且该系数值与基准回归结果类似。同时由表5.5的第（2）列至第（4）列还可以看出，商品市场一体化、劳动力市场一体化以及金融市场一体化的系数分别为0.0578、0.1359以及0.0863，且它们分别在5%、10%以及1%的统计显著水平上显著，且与前面结果未发生根本性的变化，这进一步证明了前面回归结果具有稳健性。

表5.5　　　　替换被解释变量和解释变量的回归结果

变量	(1)	(2)	(3)	(4)
Integration	0.0735*** (2.87)			
commodity		0.0578** (2.05)		
labor			0.1359* (1.89)	
financial				0.0863*** (6.20)
Inv	-0.1289 (-1.33)	-0.3546 (-0.33)	-0.2766* (-1.73)	-0.4253 (-0.86)

续表

变量	(1)	(2)	(3)	(4)
rgdp	0.0546*** (3.95)	0.1217** (2.17)	0.2138*** (4.36)	0.1059** (2.03)
fdi	-0.1209*** (-6.74)	-0.2385*** (-4.15)	-0.1642** (-2.16)	-0.2351*** (-5.18)
gov	0.3619*** (3.94)	0.4351*** (2.87)	0.3327** (2.01)	0.5196*** (6.37)
rate	0.1137 (1.22)	0.0965 (1.41)	0.1274 (1.56)	0.2503 (1.37)
city	0.3917*** (5.32)	0.2144*** (6.45)	0.3567*** (3.89)	0.4624*** (5.61)
常数项	1.2135*** (3.91)	1.0763*** (3.45)	0.8873*** (5.68)	0.6928*** (2.69)
地区效应	控制	控制	控制	控制
年份效应	控制	控制	控制	控制
N	570	570	570	570
R^2	0.2061	0.1253	0.1129	0.1647

注：* $P<0.1$，** $P<0.05$，*** $P<0.01$；括号内的数值为 t 值。

(2) 稳健性检验Ⅱ：安慰剂检验。

为了进一步验证是市场一体化，而其因素影响了绿色发展效率，本部分参照李玉山和陆远权（2020）的做法，构造一个排他性的安慰剂（Placebo）检验。即在使本章选择的其他影响因素保持不变的情况下，人为地改变样本中市场一体化变量，如果市场一体化对绿色发展效率的促进效应仍不改变，则我们可以认为是本章观测样本中的某一种未知因素，不仅强化了市场一体化对绿色发展效率的影响效果，而且对绿色发展效率产生了促进作用。因此，保持固定资产投资（Inv）、经济发展水平（rgdp）、外商直接投资（fdi）、政府干预程度（gov）、环境规制程度（rate）以及城镇化水平（city）的一一对应，将市场一体化随机分配给各城市，如果市场一体化对绿色发展效率的促进效应就此消失，我们即可认为是市场一体化本身而不是长三角城市群的其他因素影响了绿色发展效率。具体情况如表5.6中的第（1）列所示。

其中，表5.6中第（1）列展示了以随机配对的市场一体化为安慰剂（Placebo）指标对绿色发展效率的估计结果，其回归系数为0.0381，且不显著，表明随机配对的市场一体化对绿色发展效率未能产生显著的影响，该结果与表5.2的回归结果形成鲜明的对比。因此，本部分借助安慰剂检验进一步排除了与市场一体化相关的其他因素对绿色发展效率产生促进作用的可能影响。

表5.6　　　　　　　　　稳健性检验回归结果

变量	（1）	（2）	（3）
Integration	0.0381 (1.32)	0.0518*** (7.65)	0.0759*** (4.96)
Inv	−0.1435 (−1.28)	−0.3698* (−1.79)	−0.3107 (−1.18)
rgdp	0.1023** (1.98)	0.2253** (3.08)	0.4671** (2.16)
fdi	−0.1471*** (−3.67)	−0.3643** (−2.08)	−0.1365*** (−3.65)
gov	0.2139** (2.16)	0.3271* (1.87)	0.3019** (2.98)
rate	0.0956 (1.32)	0.1362 (2.03)	0.2167 (1.09)
city	0.2851**** (4.69)	0.3019** (1.98)	0.4138** (2.26)
常数项	0.7592*** (2.89)	0.8326*** (2.71)	0.9872*** (5.47)
地区效应	控制	控制	控制
年份效应	控制	控制	控制
N	570	570	570
R^2	0.1293	0.1869	0.1923

注：* $P<0.1$，** $P<0.05$，*** $P<0.01$；括号内的数值为 t 值。

（3）稳健性检验Ⅲ：剔除异常值检验。

考虑到长三角城市群内直辖市以及省会城市在经济、政治、地域方面相较于其他城市具有一定的特殊性，而且上述城市还因为其具有完善的公共服务系统、良好的制度体系以及较高的发展起点,从而进一步使自身具有更为强劲的发展潜力(袁航和朱承亮,2018),如果将长三角城市群内直辖市以及省会城市纳入研究就有可能会导致研究样本中存在极端值的影响。因此,本部分剔除基准模型中长三角城市群内上海市、杭州市、南京市以及合肥市的观测值,对剩余的34个城市做相同回归估计,具体回归结果如表5.6中第(2)列所示。

由表5.6中第(2)列的回归结果可以看出,剔除长三角城市群内四个城市的观测值后,市场一体化对绿色发展效率的影响系数估计值依然显著为正,其值为0.0518,且在1%的显著性水平上显著,进一步充分说明了基本回归结果是稳健的。

(4)稳健性检验Ⅳ:考虑滞后效应。

考虑到市场一体化以及其他控制变量对绿色发展效率的影响可能存在一定的时滞效应,因此,本部分将会对模型中的市场一体化以及其他控制变量均采取滞后一期的做法对绿色发展效率进行实证考察。所有解释变量均滞后一期之后能够有效避免由于内生性问题而造成最终的结果出现一定的偏误。具体的回归结果如表5.6中第(3)列所示。

由表5.6中第(3)列回归结果可以看出,对所有解释变量和控制变量均滞后一期滞后,市场一体化对绿色发展效率的影响系数依然显著为正,市场一体化对绿色发展效率的促进作用依然存在,进一步验证了本章基准模型的估计结果是稳健的。

(5)稳健性检验Ⅴ:动态面板方法估计。

考虑到绿色发展效率的变动具有一定的连续性特征,即当期的绿色发展效率很有可能依赖于往期的发展水平,为了考察这种连续性,我们参考毛其淋和盛斌(2011)的做法,在本章基本回归模型(5.1)的基础上进一步引入绿色发展效率的一期滞后项,进而将基本回归模型扩展为动态面板模型,具体形式如下:

$$Green_{it} = \alpha_0 + \beta Green_{it-1} + \alpha_1 Integration_{it} + \alpha_i \sum_{i=2}^{k} X_{it} + u_i + v_t + \varepsilon_{it}$$

(5.16)

其中,滞后项$Green_{it-1}$可能会带来一定的内生性问题,因此,针对这一可能出现的问题,本部分拟选择两步系统GMM方法来对上述回归模型进行估计。我们在回归过程中将 $Green_{it-1}$ 和 $Integration_{it}$ 当作内生变量，同时也将选择上述两个内生变量的两阶及更高阶的滞后项作为相应的工具变量，具体的回归结果如表5.7中第（1）列所示。

由表5.7中第（1）列回归结果我们可以看出，Wald检验在1%的显著性水平上拒绝了原假；同时，还可以由Sargan检验p值可以看出，该值均大于0.1，也表明其不能拒绝其原假设，也即上述模型中所选择的工具变量是有效的；此外，由 AR(1) 的 p 值为0 和由 AR(2) 的 p 值均大于0.1 也可以看出，上述模型当中的误差项不存在序列相关性。因此，由表5.7中的第（1）列回归结果可以表明，绿色发展效率的滞后一期变量对当前绿色发展效率的影响显著为正，这一结果说明了绿色发展效率的确存在动态持续变化特征。同时，市场一体化对绿色发展效率的影响系数依然显著为正，说明对市场一体化对绿色发展效率具有显著的促进作用，这进一步验证了本章基本模型的回归结果具有较好的稳健性。

表5.7　　　　动态面板方法以及工具变量估计结果

变量	（1）	（2）	（3）
L. Green	0.1639*** (4.59)		
IV_Integration		0.0531*** (3.16)	0.0312 (1.28)
Integration	0.0635** (2.37)		0.0529*** (2.89)
控制变量	控制	控制	控制
常数项	0.8372** (1.98)	0.7219*** (6.35)	0.9287*** (3.92)
地区效应	控制	控制	控制
时间效应	控制	控制	控制
Wald 检验	1328.35 [0.000]		
Sargan 检验 p 值	0.5273		
AR(1) P 值	0.000		
AR(2) P 值	0.3862		

续表

变量	(1)	(2)	(3)
Kleibergen-Paap rk LM		113.256 [0.0000]	
Kleibergen-Paap rk Wald F		104.082 {4.72}	
N	532	570	570

注：* $P<0.1$，** $P<0.05$，*** $P<0.01$；括号内的数值为 t 值；[ ] 内的数字为相应统计量所对应的 p 值；{ } 内数值为 Stock-Yogo 弱识别检验 10% 水平上的临界值。

（6）内生性的处理及工具变量。

想要进一步解决可能存在的内生性问题，那么为核心解释变量选取恰当的工具变量将是主要的解决方法（赵涛等，2020）。然而，对于传统选择工具变量的做法，既找到一个能够影响市场一体化又对绿色发展效率不会产生任何影响的外生变量十分不易，通常还会产生较大的争议。国外学者 Lewbel（1997）提出一种不借助外部因素构建有效内部工具变量的方法，蒲艳萍和顾冉（2020）、李玉山等（2021）等学者均选择上述方法来构造相应的工具变量，从而避免因核心变量测量误差导致的内生性偏误，因此，本章借鉴上述学者的做法构造市场一体化的工具变量，即分别选取市场一体化滞后一期和市场一体化离差的三次幂来表示工具变量。具体做法如下：

$$IVIntegration_{id} = [Integration_{id} - E(Integration_{id})]^3 \tag{5.17}$$

由表 5.7 中第（2）列回归结果表明，在考虑了解释变量内生性之后，市场一体化促进绿色发展效率水平提升的效应仍旧成立，且在 1% 的显著性水平上显著。同时，由表 5.7 中第（2）列中 Kleibergen-Paap rk 的 LM 统计量 P 值为 0.0000 可知，能够显著地拒绝"工具变量识别不足"这一原假设；并且从表 5.7 的结果还可以看出，在工具变量弱识别的检验中，Kleibergen-Paap rk 的 Wald F 统计量远远高于 Stock-Yogo 在 10% 水平上的临界值，显著地拒绝了其第一阶段回归弱识别的原假设。同时，进一步参照孙圣民和陈强（2017）的做法构建半简化式回归来佐证工具变量的外生性，即将所选择的工具变量纳入前面的基本模型之中，所选择工具变量的系数会高度不显著。回归结果如表 5.7 中第（3）列所示，从回归结果可以看出，工具变量的系数为 0.0312，但不显著，充分说明了工具变量除通过内生变量市场一体化以外，不存在影响绿色发展效率的其他直接途径，佐证了该工具变量的外生性。

5.3 市场一体化与绿色发展效率的空间计量分析

在前面实证回归过程中，没有将空间因素纳入其中，但已有相关研究表明，如果忽略一体化活动所带来的空间外溢效应这一现象，那么就很有可能会导致实证回归结果与现实出现较大偏差（邵汉华等，2020），同时，中国各省之间的绿色发展效率也存在显著的空间关联性（车磊等，2018；刘小瑜和余海华，2020）。尤其近年来随着空间计量经济学的快速发展与广泛运用，越来越多的学者开始在研究绿色发展相关问题时考虑空间因素（车树林等，2017；李子豪和毛军，2018；陈超凡等，2021）。因此，本章有必要在前面实证分析的基础之上进一步考虑空间因素的影响。那么，在本章考虑空间因素后，长三角城市群市场一体化与绿色发展效率的关系是否依然存在？这有待进一步验证。

5.3.1 空间自相关的识别

一般而言，在采用空间计量模型进行实证回归前，首先应当考察绿色发展效率是否存在空间相关性，而多数文献通常采用 Moran's I 指数来判断变量是否具有空间相关性，而 Moran's I 指数又可以分为全局 Moran's I 指数和局部 Moran's I 指数。具体方法如下。

（1）全局 Moran's I 指数。
其相应的计算公式如下：

$$\text{Moran's I} = \frac{n \sum_{i=1}^{n} \sum_{j=1}^{n} \omega_{ij}(x_i - \bar{x})(x_j - \bar{x})}{\sum_{i=1}^{n} \sum_{j=1}^{n} \omega_{ij} \sum_{i=1}^{n} (x_i - \bar{x})^2} = \frac{\sum_{i=1}^{n} \sum_{j \neq i}^{n} \omega_{ij}(x_i - \bar{x})(x_j - \bar{x})}{S^2 \sum_{i=1}^{n} \sum_{j \neq i}^{n} \omega_{ij}}$$

(5.18)

其中，n 代表长三角城市群内的城市数量，x_i 和 x_j 分别代表长三角城市群内城市 i 和城市 j 的绿色发展效率水平值，ω_{ij} 则对应的是空间权重矩阵，反映的是长三角城市群内城市 i 和城市 j 的邻近关系，具体而言，当长三角城市群内城市 i 和城市 j 处于相邻位置时，则 ω_{ij} 的取值为 1，当它们位置不相邻时，则 ω_{ij} 的取值为 0。

全局 Moran's I 指数在 [−1, 1] 区间范围内变化，当全局 Moran's I 指数的取值大于 0 时，代表长三角城市群内各城市绿色发展效率之间具有正相关关系，其数值与 1 越接近则表明空间关系越密切；当该指数取值为 0 时，则表示长三角城市群内各城市绿色发展效率之间不存在空间相关关系；当该指数取值小于 0 时，则表示长三角城市群内各城市绿色发展效率之间具有负相关关系，研究时空内的绿色发展效率水平值是随机分布的。

（2）局部 Moran's I 指数。

该指数的计算公式如下：

$$\text{Moran's I} = \frac{(x_i - \bar{x})}{S^2} \sum_{j=1}^{n} W_{ij}(x_j - \bar{x}) \tag{5.19}$$

其中，局部 Moran's I 指数反映的是长三角城市群内城市 i 的绿色发展效率水平值与周边城市的关联程度。通过长三角城市群内各城市的绿色发展效率水平值可制作出局部 Moran's I 指数散点图。其中，第一象限表示长三角城市群内绿色发展效率水平值较高的城市被其他绿色发展效率水平值较高的城市包围，即（高—高）型；第二象限则表示长三角城市群内绿色发展效率水平值较低城市被其他绿色发展效率水平值较高的城市包围，即（低—高）型；第三象限表示长三角城市群内绿色发展效率水平值较低城市被其他绿色发展效率水平值较低城市包围，即（低—低）型；第四象限表示长三角城市群内绿色发展效率水平值较高城市被其他绿色发展效率水平值较低城市包围，即（高—低）型。

（3）绿色发展效率的全局 Moran's I 指数测算结果。

根据上述计算方法，本部分计算出了长三角城市群 2004~2018 年绿色发展效率水平的全局 moran's I 指数及其统计分布特征，具体情况如表 5.8 所示。

表 5.8 长三角城市群绿色发展效率的 Moran's I 空间自相关检验结果

年份	I 值	E (I)	Sd (I)	z 值	p 值
2004	0.161	-0.027	0.101	1.862	0.031
2005	0.316	-0.027	0.090	3.829	0.000
2006	0.178	-0.027	0.096	2.136	0.016
2007	0.191	-0.027	0.099	2.196	0.014
2008	0.194	-0.027	0.096	2.291	0.011
2009	0.323	-0.027	0.089	3.950	0.000
2010	0.179	-0.027	0.098	2.098	0.018
2011	0.360	-0.027	0.101	3.848	0.000
2012	0.359	-0.027	0.097	3.971	0.000
2013	0.142	-0.027	0.094	1.809	0.035
2014	0.212	-0.027	0.098	2.449	0.007
2015	0.275	-0.027	0.099	3.036	0.001
2016	0.214	-0.027	0.102	2.364	0.009
2017	0.462	-0.027	0.097	5.040	0.000
2018	0.182	-0.027	0.101	2.063	0.020

从表 5.8 中结果可以看出，长三角城市群绿色发展效率的 Moran's I 值在考察期内一直保持显著为正，大多数年份在 1% 的显著性水平上显著。这充分说明了长三角城市群绿色发展效率存在明显的空间自相关性，且长三角城市群内绿色发展效率水平值较高的城市更加可能接近其他绿色发展效率水平值较高的城市。

（4）绿色发展效率的局部 Moran's I 散点图。

由上述长三角城市群绿色发展效率的全局 Moran's I 指数反映了绿色发展效率的整体空间相关性，但其忽视了长三角城市群内具体城市的空间特征，为进一步直观反映长三角城市群绿色发展效率的局部特征，本部分特刻画了绿色发展效率的局部 Moran's I 散点图，但为了与前述内容保持一致性，本部分仅展示 2004 年、2009 年、2014 年以及 2018 年绿色发展效率的局部 Moran's I 散点图。

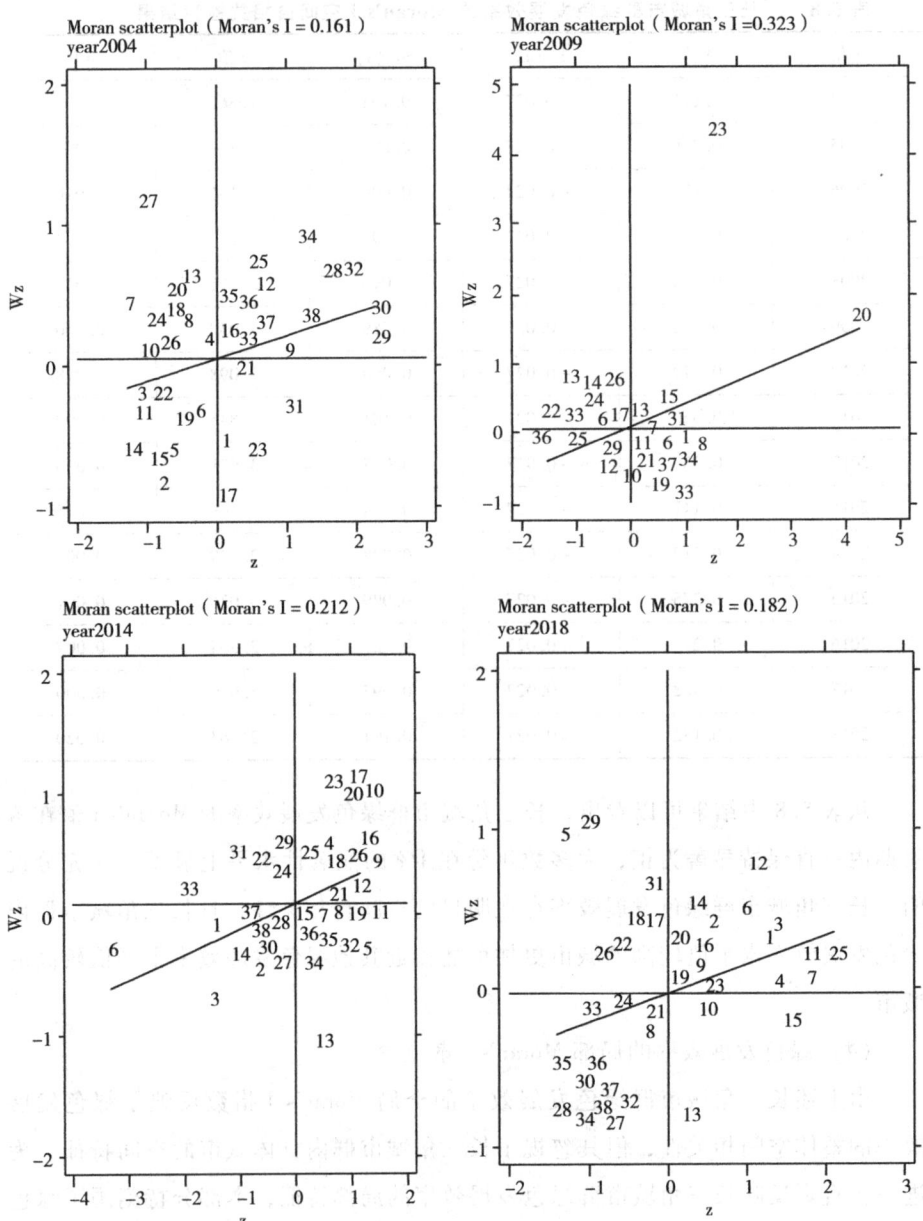

图 5.1 2004~2018 年长三角城市群绿色发展效率 Moran's I 散点图

从图 5.1 所反映的结果我们可以清楚地看出，相较于 2004 年的 Moran's I 值，2018 年的 Moran's I 值有一定程度的上升，且长三角城市群内多数城市处在第一象限和第三象限内，这充分说明长三角城市群绿色发展效率水平值存在比较明显的高—高聚集和低—低聚集的特征，但这种集聚现象并没有随着时间的推移而发生根本性的改变。

5.3.2 空间计量模型设定

本部分根据前述分析，参照于斌斌（2015）的做法建立空间滞后模型与空间误差模型对前面的理论假设展开实证检验。具体模型如下：

$$Green_{it} = \rho \sum_{j=1}^{N} W_{ij} Green_{it} + \beta_1 Integration_{it} + \beta_i X_{it} + \varepsilon_{it} \quad (5.20)$$

$$Green_{it} = \delta_1 Integration_{it} + \delta_i X_{it} + \varphi_{it} \quad (5.21)$$

$$\varphi_{it} = \lambda \sum_{j=1}^{N} W_{ij} \varepsilon_{it} + \mu_{it} \quad (5.22)$$

上述式（5.18）至式（5.20）为市场一体化对绿色发展效率空间影响的主效应。其中，W_{ij}表示空间权重矩阵。t表示为时期，i代表城市，ε_{it}则表示随机误差项；ρ表示空间滞后模型回归系数；λ则表示空间误差模型回归系数；W_{ij}表示空间权重矩阵。本章参照韩峰和阳立高（2020）设立了三种空间权重矩阵，分别为地理距离矩阵、经济矩阵以及经济以及地理和经济距离嵌套矩阵。权重矩阵的设置具体说明如下：

地理距离矩阵（$W_{distance}$）：其中，$W_{ij} = 1/d_{ij}$，而d_{ij}表示长三角城市群内两两城市间的距离，对角线元素$W_{ij} = 0$。

经济矩阵（$W_{economic}$）：采用长三角城市群内两个城市人均GDP差值之差的绝对值倒数来表示经济空间权重矩阵，即$w_{ij} = (1/|x_i - x_j|)$。

地理距离和经济嵌套矩阵（W_{nested}）：$W_{nested} = \varphi W_{distance} + (1 - \varphi) W_{economic}$，其中，$\varphi$表示地理距离矩阵的权重，且其取值范围为$0 < \varphi < 1$。参照邵帅等（2016）的做法，本章将$\varphi$的值取0.5。该矩阵进一步表示了空间个体在地理和经济上的双重空间邻近性。

5.3.3 空间计量模型估计结果及分析

对于本章选择空间滞后模型（SAR）还是选择空间误差模型（SEM），通过比较空间滞后模型的 LM - Lag 统计、Robust - LM - Lag 统计量和空间误差模型的 LM - Error 统计量、Robust - LM - Error 统计量可以做出相应的选择,本章的模型无论比较哪一个统计量,空间误差模型的统计量更优,因此,本章采用空间误差模型作为基本空间计量回归模型。表 5.11 是采用地理距离矩阵回归的结果,表 5.12 是采用经济矩阵回归的结果。

由表 5.9 的回归结果可以看出,首先,第(1)列至第(3)列分别表示采用地理距离矩阵、经济矩阵以及地理距离和经济嵌套矩阵时市场一体化对绿色发展效率影响的空间效应,其回归系数分别为 0.0532、0.0713 以及 0.0839,且分别在 1%、5% 以及 5% 的显著性水平上显著。这充分说明市场一体化在考虑空间效应时,其对绿色发展效率的影响依然显著为正。其次,长三角城市群绿色发展效率存在显著的正向空间互动效应。从空间误差的系数估计值来看,以市场一体化作为自变量的空间误差系数 λ 估计值都为正,且在 1% 的显著性水平上通过了检验。这表明绿色发展效率的确存在显著的正向空间交互效应,即当长三角城市群内相邻城市的绿色发展效率水平上升时,受影响城市的绿色发展效率水平也上升。

表 5.9　　　　　　　　　空间计量模型回归结果

变量	(1) $W_{distance}$	(2) $W_{economic}$	(3) W_{nested}
Integration	0.0532 *** (3.16)	0.0713 ** (2.91)	0.0839 ** (2.08)
Inv	-0.2461 (-1.31)	-0.1792 * (-1.71)	-0.1356 (-1.21)
rgdp	0.1126 * (1.87)	0.2301 ** (2.16)	0.1863 * (1.78)
fdi	-0.2586 *** (-5.81)	-0.3271 ** (-2.08)	-0.2745 ** (-2.16)
gov	0.3219 ** (2.08)	0.2543 *** (3.89)	0.3376 *** (4.37)
rate	0.1073 (1.38)	0.0891 (0.80)	0.0912 (1.16)

续表

变量	(1) $W_{distance}$	(2) $W_{economic}$	(3) W_{nested}
city	0.3142*** (3.36)	0.2438*** (2.89)	0.2908** (2.06)
地区效应	控制	控制	控制
时间效应	控制	控制	控制
λ	0.7156*** (19.16)	0.9672*** (20.82)	0.7223*** (9.85)
R^2	0.2135	0.1362	0.1673
N	570	570	570

注：* $P<0.1$，** $P<0.05$，*** $P<0.01$；括号内的数值为 t 值。

5.3.4 异质性分析

由于不同地区的生态环境指标存在空间效应（许和连和邓玉萍，2012），且地区间资源禀赋、区位条件、经济基础、历史发展等因素存在异质性，市场一体化对绿色发展效率的作用关系不可避免地会受到来自这些区域异质因素的影响，因此在回归中必须考虑自变量系数为非常数这种可能性的存在，故本章选用地理加权回归（GWR）模型参数估计来考察市场一体化对绿色发展效率作用机制问题，既考虑相关解释变量的空间关联性，又考虑不同地区各项影响作用系数的异质性。GWR 模型一般表达式为：

$$Green_i = \beta_0(u_i, v_i) + \sum_{j=1}^{k} \beta_j(u_i, v_i) x_{ij} + \varepsilon_i \tag{5.23}$$

其中，$Green_{it}$ 表示被解释变量绿色发展效率，x_{it} 表示解释变量，所有变量与前面指标一致。(u_i, v_i) 是第 i 个样本点的空间坐标，β_j 系数的下标 j 表示与观测值联系的 $m \times 1$ 阶待估参数向量，是关于地理位置 (u_i, v_i) 的 $k+1$ 元函数。GWR 可以对每个观测值估计出 k 个参数向量的估计值，ε_i 是第 i 个区域的随机误差项。

本部分选择了 2004 年、2009 年、2014 年以及 2018 年的数据来分析长三角城市群市场一体化影响绿色发展效率的空间异质性，由于篇幅限制不全部列出所有年份。表 5.10 是 2004 年、2009 年、2014 年和 2018 年市场一体化与绿色发展效率的回归结果。

表 5.10 市场一体化对绿色发展效率影响的 GWR 参数估计结果

城市	不同年份市场一体化回归系数			
	2004 年	2009 年	2014 年	2018 年
上海	0.2653***	0.3120**	0.3387**	0.2732*
南京	0.2146***	0.2053***	0.1921*	0.1658**
无锡	0.1723**	0.1631**	0.1348**	0.1579***
徐州	0.0973***	0.1350*	0.1421**	0.1813***
常州	0.1023**	0.1439***	0.1129**	0.1731**
苏州	0.1523**	0.2164***	0.1875**	0.2483***
南通	0.1207**	0.2351*	0.1636**	0.1812*
连云港	0.0871***	0.0943***	0.1237*	0.1542**
盐城	0.1137*	0.1256**	0.1365***	0.1848**
扬州	0.1647**	0.1525**	0.1653**	0.2105**
镇江	0.1015	0.0938*	0.1255**	0.1361***
泰州	0.0632*	0.0715***	0.0579**	0.0268
宿迁	0.0419***	0.0673**	0.0521	0.0538**
杭州	0.2313**	0.1769**	0.2104**	0.1853***
宁波	0.1347**	0.1239**	0.1546***	0.2054**
温州	0.1203**	0.1538**	0.2026**	0.1948**
嘉兴	0.0356*	0.0265***	0.0382*	0.0510***
湖州	0.0351***	0.0619**	0.0512***	0.0773**
绍兴	0.1408*	0.1132**	0.2342	0.1856***
金华	0.1343***	0.1025	0.1476***	0.1825**
衢州	0.0346**	0.0208**	0.0582**	0.0354**
舟山	0.0671***	0.0717*	0.0533	0.1075
台州	0.0542*	0.1032***	0.0933**	0.0865
丽水	0.0948***	0.0681**	0.0752**	0.0892**
合肥	0.1689*	0.2546**	0.1785**	0.1459**

续表

城市	不同年份市场一体化回归系数			
	2004 年	2009 年	2014 年	2018 年
芜湖	0.0712 **	0.0653 *	0.0791 *	0.0830 **
蚌埠	0.0654 **	0.0789 ***	0.0341	0.0725 *
淮南	0.0631 ***	0.0929 **	0.0331 *	0.0575 *
马鞍山	0.0398	0.0499 *	0.0501 ***	0.0700
淮北	0.0912 ***	0.0738 **	0.0564 ***	0.1076 ***
铜陵	0.0250 *	0.0384	0.0396 *	0.0513 *
安庆	0.0381 **	0.0439 *	0.0100	0.0297 **
黄山	0.0763 *	0.1008 **	0.0325 *	0.0546 **
滁州	0.0839 ***	0.0523 *	0.0118 **	0.0492 *
阜阳	0.0733 *	0.1108 **	0.0793 *	0.0818 *
宿州	0.0451 *	0.0327 **	0.0516 *	0.0639 *
亳州	0.0666 ***	0.0955 **	0.0801 **	0.0867 **
宣城	0.0714 ***	0.0828	0.0295 **	0.0173 *

注：*、**、*** 分别表示在 10%、5%、1% 的显著性水平下显著。

从表 5.10 中回归结果可以看出，第一，市场一体化与绿色发展效率成正比，且从回归的系数来看，各城市市场一体化系数相差较大，也说明长三角城市群各城市资源禀赋因素差异对本地区绿色发展效率有影响。第二，市场一体化对绿色发展效率的影响呈现出空间连片特征，上海、江苏与浙江三省市回归系数普遍较高，其可能的原因是，在市场机制的作用下，弱化了该区域间存在的市场壁垒，提升了企业的增长效率，从而增强了该区域绿色发展水平。上海、南京、苏州、扬州、杭州、温州、宁波以及合肥等城市，其中大多数城市经济比较发达，具有较大的系数，深层次的机制离不开城市的梯度分布差异，经济相对发达地区市场一体化水平较高，地方保护主义减少，那么较低的进口成本会增加地区外同类产品的比较优势，从而加大进口地区外产品以替代本地生产。这将进一步减少污染产业在本地区所占的比例，从而大幅度提升了城市绿色发展效率。

5.4 本章小结

长三角城市群市场一体化对绿色发展效率的总体影响效应究竟如何？市场一体化是否有利于绿色发展效率水平的提升？长三角城市群市场一体化对绿色发展效率的影响是否存在空间效应？对这些问题的回答成为本章的研究主题。

本章基于长三角城市群38个城市2004~2018年的面板数据，利用主成分分析法来得到商品市场一体化、劳动市场一体化以及金融市场一体化指数的主成分，从而最终得到长三角城市群市场一体化水平指数（孙博文，2017），并实证检验了市场一体化对绿色发展效率的影响效应。研究结果显示：①市场一体化水平越高更有利于提升长三角城市群绿色发展效率水平；②通过重新测度被解释变量、安慰剂检验、剔除部分观测值、动态GMM估计以及工具变量法等稳健性检验方法，进一步验证了市场一体化能够促进绿色发展效率；③采用地理距离矩阵、经济矩阵以及地理距离和经济嵌套矩阵的空间计量模型回归结果显示长三角城市群绿色发展效率的确存在显著的正向空间交互效应，即当长三角城市群内相邻城市的绿色发展效率水平上升时，受影响城市的绿色发展效率水平也上升。同时，从空间异质性来看，市场一体化对绿色发展效率的影响呈现出空间连片特征，上海、江苏与浙江三省市回归系数普遍较高，上海、南京、苏州、扬州、杭州、温州、宁波以及合肥等城市，其中大多数城市经济比较发达，具有较大的系数。

第 6 章

长三角城市群市场一体化对绿色发展效率影响的中介效应检验

本章主要对长三角城市群就绿色发展效率影响的中介效应进行实证检验。首先,构建中介效应实证回归模型,同时选择相应的变量并对其数据来源进行解释说明。然后,分别选取产业结构调整、科技创新作为中介变量,对市场一体化影响绿色发展效率进行中介效应检验。

6.1 模型设定与变量说明

6.1.1 中介效应模型设定

本书在第 4 章的理论分析部分指出,市场一体化不仅可以直接作用于绿色发展效率,还会通过产业结构调整、科技创新两条路径对绿色发展效率产生影响。因此,本章将上述产业结构调整以及科技创新等 2 个变量设定为中介变量,依次纳入式(5.1)的基本回归模型中,验证市场一体化影响绿色发展效率是否存在相应的中介效应。中介效应模型具体设定如下:

$$Green_{it} = \alpha_0 + \alpha_1 Integration_{it} + \alpha_i \sum_{i=2}^{k} X_{it} + u_i + v_t + \varepsilon_{it} \tag{6.1}$$

$$Med_{it} = \beta_0 + \beta_1 Integration_{it} + \beta_i \sum_{i=2}^{k} X_{it} + u_i + v_t + \varepsilon_{it} \tag{6.2}$$

$$Green_{it} = \delta_0 + \delta_1 Integration_{it} + \delta_2 Med_{it} + \delta_i \sum_{i=2}^{k} X_{it} + u_i + v_t + \varepsilon_{it} \tag{6.3}$$

其中，Med 为本章所选择的中介变量，即产业结构调整、科技创新等间接影响的代理变量。$Green_{it}$ 为绿色发展效率，X_{it} 则为相应的控制变量，其与前面第 5 章所选的控制变量保持一致。式（6.1）估计的是市场一体化影响绿色发展效率的总效应，其回归系数 α_1 表示这种总效应的大小。式（6.2）估计的是市场一体化对中介变量的影响。

上述中介效应的存在需要满足以下几个方面的条件：第一，未纳入中介变量前，市场一体化对绿色发展效率的影响显著，也就是式（6.1）中的回归系数 α_1 显著；第二，市场一体化对中介变量影响显著，也就是式（6.2）中回归系数 β_1 显著；第三，在将中介变量纳入模型之后，中介变量对绿色发展效率的影响显著，但市场一体化对绿色发展效率的影响程度降低，甚至不显著，也就是 δ_2 显著，且 δ_1 相对于 α_1 减小或者不显著。其中，若系数 δ_1 和 δ_2 均显著，那么表示中介变量发挥了部分中介作用；若系数 δ_2 显著，系数 δ_1 不再显著，则表示中介变量发挥了完全中介效应（温忠麟和叶宝娟，2014）。

6.1.2 变量设置与数据来源

本章所选取中介变量产业结构调整、科技创新相关数据均主要来源于《中国区域经济统计年鉴》《中国城市统计年鉴》以及各省市统计年鉴和各城市统计发展公报。

（1）产业结构调整：本章参照于斌斌（2015）的做法，将其分为产业结构合理化和产业高级化两个指标。其中，产业结构合理化（raind）指标选择泰勒指数的倒数来表示；而产业结构高级化（adind）指标选择长三角城市群内各城市第三产业与第二产业的比值来表示。产业结构合理化（即泰勒指数的倒数）具体计算公式如下：

$$raind = \frac{1}{TL} = \frac{1}{\sum_{i=1}^{n}\left(\frac{Y_i}{Y}\right)ln\left(\frac{Y_i}{L_i}\bigg/\frac{Y}{L}\right)} \tag{6.4}$$

其中，Y、L、N、i 分别表示总的产值、就业人数、产业部门以及行业类型数，若测度的 TL 值越小，那么就代表长三角城市群的产业结构合理化水平越高。

（2）科技创新（innovation）：本章参照借鉴杨明海等（2018）的做法，选用长三角城市群 38 个城市专利申请授权数来表示科技创新水平。

6.2 产业结构调整的中介效应检验

6.2.1 产业结构高级化的中介效应检验

(1) 回归结果分析。

第 5 章的基准回归分析的是市场一体化对绿色发展效率的综合影响。进一步地,对模型 (6.2) 进行与第 5 章相同的估计,以考察市场一体化对绿色发展效率影响的传导机制。其中,表 6.1 展示了市场一体化对绿色发展效率影响的产业结构高级化中介效应检验结果。其中,表 6.1 中第 (1) 列展示了作为对照的基准模型回归结果,第 (2) 列考察市场一体化对产业结构高级化的影响,结果显示,市场一体化与产业结构高级化存在显著的正相关关系,即市场一体化显著促进了产业结构高级化。这意味着长三角城市群市场一体化水平越高,越有利于产业结构高级化。第 (3) 列在绿色发展效率回归模型中加入产业结构高级化变量后,市场一体化的解释力出现显著的下降,由第 (1) 列中基准回归模型的 0.0826 降至第 (3) 列中的 0.0635。这就证实了市场一体化对绿色发展效率的影响效应有一部分是促进产业结构高级化路径实现的。因此,市场一体化通过强化产业高级化水平进一步提升绿色发展效率水平的机制得以验证。

表 6.1　市场一体化对绿色发展效率影响的产业结构高级化
中介效应检验结果

变量	(1) green	(2) adind	(3) green
adind			0.1083 ** (2.36)
Integration	0.0826 *** (2.98)	0.1937 *** (4.35)	0.0635 ** (2.18)

续表

变量	(1) green	(2) adind	(3) green
lnv	-0.0147 (-0.33)	-0.0351 (-1.27)	0.1273 (0.87)
rgdp	0.0721** (2.05)	0.1135*** (2.81)	0.1578*** (3.62)
fdi	-0.0754*** (-5.38)	-0.2163*** (-3.28)	-0.1627** (-1.98)
gov	0.5279** (2.18)	0.3123*** (5.32)	0.4678*** (2.87)
rate	0.2932 (1.22)	0.0731 (1.45)	0.0862* (1.71)
city	0.2646*** (3.96)	0.3796*** (2.68)	0.3145** (2.05)
常数项	0.8905*** (4.82)	0.9782*** (6.25)	0.7821*** (2.98)
地区效应	控制	控制	控制
年份效应	控制	控制	控制
N	570	570	570
R^2	0.1685	0.2389	0.1537

注：* $P<0.1$，** $P<0.05$，*** $P<0.01$；括号内的数值为 t 值。

(2) 稳健性检验。

当前学术界对产业结构高级化的界定有多种方式，因此，为了保证本章的研究结论的稳健性，特别对产业结构高级化指标进行重新测度，以进一步考察市场一体化是通过促进产业结构高级化提升绿色发展效率的。本章参照高远东等（2015）的做法对产业结构进行了测算：首先，基于第一、第二和第三产业的增加值在 GDP 中所占的相应比值作为空间向量中的一个分量，因此上述分量就可以组成一组3维向量 $X_0=(x_{1,0}, x_{2,0}, x_{3,0})$。其次，分别计算3维向量 X_0 与产业从第一产业到第三产业排列的向量 $X_1=(1,0,0)$，$X_2=(0,1,0)$，$X_3=$

$(0,0,1)$ 之间的夹角 α_1、α_2、α_3，具体计算公式如下：

$$\alpha_j = arccos \frac{\sum_{i=1}^{3}(x_{i,j} \cdot x_{i,0})}{\sum_{i=1}^{3}(x_{i,j}^2)^{\frac{1}{2}} \cdot \sum_{i=1}^{3}(x_{i,0}^2)^{\frac{1}{2}}} \tag{6.5}$$

最后，根据上述公式计算出的角度可以最终计算产业结构高级指标，具体如下：

$$Aind = \sum_{k=1}^{3}\sum_{j=1}^{k}\alpha_j \tag{6.6}$$

表 6.2 中第（1）列为基准模型回归结果，第（2）列表示市场一体化对产业结构高级化的影响，结果表明市场一体化能够显著地促进产业结构高级化。第（3）列包括产业结构高级化变量的回归结果显示，产业结构高级化对绿色发展效率具有显著的提升效应。由此可见，重新计算产业结构高级化这一指标后，市场一体化依然通过促进产业结构高级化，从而提升绿色发展效率水平，这一结论与上述中介效应检验结果一致。

表 6.2　　产业结构高级化机制的稳健性检验

变量	（1）green	（2）adind	（3）green
adind			0.2155***
			(3.10)
Integration	0.0826***	0.3869***	0.0761**
	(2.98)	(5.26)	(2.40)
控制变量	控制	控制	控制
常数项	0.8905***	1.8135***	0.6598**
	(4.82)	(3.46)	(2.23)
地区效应	控制	控制	控制
年份效应	控制	控制	控制
N	570	570	570
R^2	0.1685	0.3156	0.1537

注：* $P<0.1$，** $P<0.05$，*** $P<0.01$；括号内的数值为 t 值。

6.2.2 产业结构合理化的中介效应检验

(1) 回归结果分析。

表 6.3 为市场一体化对绿色发展效率影响的产业结构合理化中介效应检验结果。其中,表 6.3 中第 (1) 列展示了作为对照的基准模型回归结果,第 (2) 列考察市场一体化对产业结构合理化的影响,结果显示,市场一体化与产业结构合理化存在显著的正相关关系,即市场一体化显著促进了产业结构合理化。这意味着长三角城市群市场一体化水平越高,越有利于产业结构合理化。第 (3) 列在绿色发展效率回归模型中加入产业结构合理化变量后,市场一体化的解释力出现显著的下降,由第 (1) 列中基准回归模型的 0.0826 降至第 (3) 列中的 0.0719。这就证实了市场一体化对绿色发展效率的影响效应有一部分是通过促进产业结构合理化路径实现的。因此,市场一体化通过强化产业合理化水平进一步提升绿色发展效率水平的机制得以验证。

表 6.3　市场一体化对绿色发展效率影响的产业结构合理化中介效应检验结果

变量	(1) green	(2) raind	(3) green
raind			0.1237 *** (3.56)
Integration	0.0826 *** (2.98)	0.1021 *** (3.38)	0.0719 *** (5.23)
lnv	-0.0147 (-0.33)	-0.0849 (-0.75)	-0.2054 (-1.37)
rgdp	0.0721 ** (2.05)	0.2078 * (1.87)	0.2649 *** (2.89)
fdi	-0.0754 *** (-5.38)	-0.3572 *** (-5.18)	-0.0943 ** (-2.08)
gov	0.5279 ** (2.18)	0.4187 *** (3.39)	0.3510 ** (2.36)

续表

变量	(1) green	(2) raind	(3) green
rate	0.2932 (1.22)	0.1038* (1.85)	−0.1132 (−1.39)
city	0.2646**** (3.96)	0.2835** (2.16)	0.4297** (2.38)
常数项	0.8905**** (4.82)	0.7693*** (5.36)	0.9180*** (3.07)
地区效应	控制	控制	控制
年份效应	控制	控制	控制
N	570	570	570
R^2	0.1685	0.1123	0.2036

注：* $P<0.1$，** $P<0.05$，*** $P<0.01$；括号内的数值为 t 值。

（2）稳健性检验。

为增强结论的可靠性，参照韩永辉等（2017）的做法，在产业结构偏离度的基础之上进一步构造产业结构合理化指标。具体的计算方法如下：

首先，构造产业结构偏离度指标 Q；

$$Q = \sum_{i=1}^{n} \left| \frac{\frac{Y_i}{L_i}}{\left(\frac{Y}{L}\right)} - 1 \right| = \sum_{n=1}^{n} \left| \frac{\frac{Y_i}{Y}}{\left(\frac{L_i}{L}\right)} - 1 \right| \tag{6.7}$$

其中，Y 代表产出，L 代表劳动投入，i 代表第 i 产业部门，n 则代表产业总数。

其次，在式（6.7）产业结构偏离度的基础之上进一步得到产业结构合理化指标；

$$Raind = -\sum_{i=1}^{n} \left(\frac{Y_i}{Y}\right) \left| \left(\frac{Y_i}{L_i}\right) \Big/ \left(\frac{Y}{L}\right) - 1 \right| \tag{6.8}$$

若 Raind 的值越小，则说明产业结构则越不合理，反之，则产业结构越合理。

表 6.4 中第（1）列表示基准回归结果，第（2）列表示市场一体化对产

业结构合理化的影响，结果表明，市场一体化能够显著地促进产业结构合理化。第（3）列包括产业结构合理化变量的回归结果显示，产业结构合理化对绿色发展效率具有显著的提升效应。由此可见，重新计算产业结构合理化这一指标后，市场一体化依然通过促进产业结构合理化，从而提升绿色发展效率水平，这一结论与前述中介效应检验结果一致。

表 6.4　　　　　　　产业结构合理化机制的稳健性检验

变量	（1）green	（2）raind	（3）green
raind			0.3418*** (2.87)
Integration	0.0826*** (2.98)	0.2158** (2.36)	0.0634** (2.10)
控制变量	控制	控制	控制
常数项	0.8905**** (4.82)	2.3576*** (3.06)	0.8151** (2.37)
地区效应	控制	控制	控制
年份效应	控制	控制	控制
N	570	570	570
R^2	0.1685	0.2537	0.3194

注：* $P<0.1$，** $P<0.05$，*** $P<0.01$；括号内的数值为 t 值。

6.3　科技创新的中介效应检验

（1）回归结果分析。

表 6.5 为市场一体化对绿色发展效率影响的科技创新中介效应检验结果。其中，表 6.5 中第（1）列展示了作为对照的基准模型回归结果，第（2）列考察市场一体化对科技创新的影响，结果显示，市场一体化与科技创新存在显著的正相关关系，即市场一体化显著促进了科技创新。这意味着长三角城市群市场一体化水平越高，越有利于科技创新。第（3）列在绿色发展效率回归模

型中加入科技创新变量后,市场一体化的解释力出现显著的下降,由第(1)列中基准回归模型的 0.0826 降至第(3)列中的 0.0652。这就证实了市场一体化对绿色发展效率的影响效应有一部分是通过促进科技创新路径实现的。因此,市场一体化通过促进科技创新水平的提升进一步提升绿色发展效率水平的机制得以验证。

表 6.5 市场一体化对绿色发展效率影响的科技创新中介效应检验结果

变量	(1) green	(2) innovation	(3) green
innovation			0.0457*** (2.96)
Integration	0.0826*** (2.98)	0.0583*** (2.76)	0.0652*** (3.18)
Inv	-0.0147 (-0.33)	-0.1296* (-1.81)	-0.3128* (-1.93)
rgdp	0.0721** (2.05)	0.3152** (2.37)	0.1637** (2.16)
fdi	-0.0754*** (-5.38)	-0.1218*** (-4.32)	-0.1359* (-1.88)
gov	0.5279** (2.18)	0.3971** (2.49)	0.3724** (2.06)
rate	0.2932 (1.22)	0.0945 (0.72)	0.1541 (1.06)
city	0.2646*** (3.96)	0.4355*** (3.18)	0.3158* (1.78)
常数项	0.8905*** (4.82)	0.6432*** (4.16)	0.7531*** (4.16)
地区效应	控制	控制	控制
年份效应	控制	控制	控制
N	570	570	570
R^2	0.1685	0.2191	0.1546

注:* $P<0.1$,** $P<0.05$,*** $P<0.01$;括号内的数值为 t 值。

(2) 稳健性检验。

现有关衡量技术创新的指标有多种，前面使用长三角城市群各城市的专利申请授权数量来表示。为了保证结果的稳健性，本章进一步唐未兵等（2014）做法，采用长三角城市内各城市在科学技术方面的支出占 GDP 的比值来衡量科技创新这一指标。进而采用这一指标作为替代变量考察市场一体化对科技创新的影响，以及科技创新对绿色发展效率的影响，从而检验科技创新的中介效应，具体回归结果（见表 6.6）。

表 6.6 中第（1）列表示基准回归结果，第（2）列表示市场一体化对科技创新的影响，结果表明，市场一体化能够显著地促进科技创新。第（3）列包括科技创新变量的回归结果显示，科技创新对绿色发展效率具有显著的提升效应。由此可见，重新计算科技创新这一指标后，市场一体化依然通过促进科技创新，从而提升绿色发展效率水平，这一结论与前述中介效应检验结果一致。

表 6.6　　科技创新机制的稳健性检验结果

变量	（1）green	（2）innovation	（3）green
innovation			0.64285** (2.08)
Integration	0.0826*** (2.98)	0.3697*** (3.85)	0.0757*** (2.90)
控制变量	控制	控制	控制
常数项	0.8905**** (4.82)	1.1759** (2.36)	0.6429*** (5.10)
地区效应	控制	控制	控制
年份效应	控制	控制	控制
N	570	570	570
R^2	0.1685	0.3547	0.1038

注：* $P<0.1$，** $P<0.05$，*** $P<0.01$；括号内的数值为 t 值。

6.4 中介效应测度和作用机制贡献分解

市场一体化显著而稳健地通过产业结构高级化、产业结构合理化以及科技创新三种机制影响绿色发展效率。通过分解上述中介机制,市场一体化经由产业结构高级化、产业结构合理化以及科技创新作用于绿色发展效率的中介效应值分别为 0.0123、0.0073 以及 0.0038。从表 6.7 列示的结果来看,在市场一体化影响绿色发展效率的总效应中,产业结构高级化贡献了因果解释链条 14.89% 的份额,而产业结构合理化以及科技创新的中介效应占比分别为 8.84% 和 4.60%,因此可以看出,产业结构高级化的中介效应更为凸显。

表 6.7 市场一体化影响绿色发展效率的作用机制贡献程度分解

				中介效应值	中介效应比率
中介效应	产业结构高级化	市场一体化——产业结构高级化	产业结构高级化——绿色发展效率		
		0.1937	0.0635	0.0123	14.89%
	产业结构合理化	市场一体化——产业结构合理化	产业结构合理化——绿色发展效率		
		0.1021	0.0719	0.0073	8.84%
	科技创新	市场一体化——科技创新	科技创新——绿色发展效率		
		0.0583	0.0652	0.0038	4.60%

注:产业结构高级化作用机制为例,$0.0123 = 0.1937 \times 0.0635$,$14.89\% = 0.0123/(0.0826) \times 100\%$。

6.5 本章小结

本章在第 4 章理论分析的基础之上,分别以产业结构高级化、产业结构合理化以及科技创新为中介变量,对市场一体化影响绿色发展效率进行中介效应检验,并验证了产业结构高级化、产业结构合理化以及科技创新在市场一体化影响绿色发展效率过程中存在的部分中介应。具体而言:

（1）产业结构高级化的中介效应检验结果显示，产业结构高级化在市场一体化对绿色发展效率的影响中具有部分中介效应。

（2）产业结构合理化的中介效应检验结果显示，产业结构合理化在市场一体化对绿色发展效率的影响中具有部分中介效应。

（3）通过对市场一体化中介效应测度和作用机制贡献的分解可以看出，市场一体化经由产业结构高级化、产业结构合理化以及科技创新作用于绿色发展效率的中介效应中，产业结构高级化的中介效应更为凸显。

第 7 章

研究结论、对策建议与研究展望

7.1 研究结论

国家"十四五"规划纲要明确提出中国需要加快发展方式进行绿色转型,并要求全面提升资源的利用效率,大力发展绿色经济。推动区域市场一体化体系的构建不仅是中国实现绿色转型的制度保障,也是中国高质量发展必不可少的要求。一方面,区域市场一体化使要素能够实现自由流动,并且进一步扩大了地方竞争,进而有效地增加了市场需求和提升了规模效应。同时,由于规模外部性可以使企业成本明显下降,从而使消费者的实际购买力得以增加,这又会进一步地刺激企业加大相关投入。因此,在这种良性的发展情形下,地方经济会迎来快速增长。另一方面,市场分割会造成资源要素错配,加剧环境污染,而市场一体化可以降低区域壁垒的限制,推动资源要素的自由流动,有利于促进绿色技术创新和各类节能减排技术的推广应用,为减轻环境污染奠定了现实基础。长三角城市群作为我国工业化进程最快的地区之一,不仅是区域经济增长的重要增长极,更具有绿色转型发展的标杆作用。因此,基于这样的现实背景,本书在测算长三角城市群 38 个城市绿色发展效率水平并分析其空间特征的基础上,讨论了市场一体化与绿色发展效率的关系问题。同时,为后续剖析市场一体化对绿色发展效率影响的具体作用机制,本书构建了"市场一体化——产业结构高级化、产业结构合理化以及科技创新——绿色发展效率"的作用机制,并研究了市场一体化如何通过产业结构高级化、产业结构合理化以及科技创新影响绿色发展效率。最后得出本书的研究结论如下：

（1）长三角城市群绿色发展效率的趋势特征较为明显，绿色发展效率不平衡发展的空间格局较为突出，并表现出较强的空间关联特征。总体来看，在2004~2018年这一考察期内，长三角城市群大多数城市绿色发展效率水平值有了显著的提高，但是长三角城市群绿色发展效率呈现出非均衡的状态，各城市之间绿色发展效率水平存在较大差异，其中，长三角城市群省际的差异是影响长三角城市群绿色发展效率总体区域差异的主要因素。从绿色发展效率的分布动态来看，长三角城市群的总体绿色发展效率水平经历了由下降到上升的演变，且高水平城市数量逐年增加的变化过程，同时，长三角城市群绿色发展效率水平存在"俱乐部趋同"的现象。从网络空间关联来看，长三角城市群绿色发展效率的网络关联不断趋于紧密，各个城市在绿色发展方面的相互联系逐渐在增强，但是各城市在绿色发展方面的联系还仅仅处于一种弱联结分布状态。从凝聚子群的分析结果来看，地理空间距离并不能限制长三角城市群内不同城市之间实施绿色协调发展，但是就目前而言，长三角城市群内还未能形成稳定的、联系密切的绿色发展效率网络空间结构。从核心—边缘结构分析来看，总的来说，上海市和江苏省始终为长三角城市群绿色发展效率联系网络的绝对核心区域，浙江省和安徽省则是逐步由边缘区发展为核心区域。

（2）首先，从总体来看，市场一体化有助于提升长三角城市群绿色发展效率。从各控制变量的情况来看，政府干预程度、经济发展水平以及城镇化水平等对绿色发展效率均具有显著的正向影响；环境规制的系数为正，但是不显著；固定资产投资的系数为负数，且不显著；外商直接投资的系数显著为负，说明其对绿色发展效率有着抑制作用。通过重新测度被解释变量、安慰剂检验、剔除部分观测值、动态 GMM 估计以及工具变量法等稳健性检验方法，进一步验证了市场一体化能够促进绿色发展效率。其次，长三角城市群绿色发展效率呈现出显著的空间相关性，绿色发展效率水平相对较高的地区，其集聚空间溢出效应对周边区域也具有较强的辐射带动作用。实证结果还表明，长三角城市群绿色发展效率存在显著的正向空间交互效应。

（3）产业结构高级化、产业结构合理化以及科技创新在市场一体化对绿色发展效率的影响中具有中介效应。同时，通过对市场一体化影响绿色发展效率的中介效应测度和作用机制贡献的分解可以看出，市场一体化经由科技创新、产业结构高级化以及产业结构合理化影响绿色发展效率的中介效应中，产业结构高级化的中介作用更为凸显。

7.2 对策建议

根据以上的研究结论，本书提出如下政策建议。

（1）更好发挥市场机制的作用，促进区域市场一体化发展。

要破除长三角城市群由于行政区划所引起的市场分割，避免行政手段对市场机制产生过多的干预。在当前发展阶段，长三角城市群各城市应当不断深化"放管服"改革并重点服务于城际之间的交流与合作，进而增强市场机制在长三角城市群市场一体化发展进程中的作用。因此，需要适时清理长三角城市群内各城市间存在的阻碍商品、要素、资源等跨区域流动的政策法规，从而在城市群内逐渐形成一个具有统一性、开放性、竞争性以及有序性的商品和要素市场体系，并尊重市场客观规律，有效发挥市场的配置功能，使市场能够真正主导商品和要素的价格以及流向，能够进一步在长三角城市群内实现跨区域自由流动。例如，通过对城乡二元户籍制度的取消从而促进农民工的市民化良性转变，并大力保证农民工对城市基本公共服务的权利的享有，消除影响劳动力自由流动的分割政策。同时，长三角城市群内各省市可以给予各个城市金融发展充分的自主权，特别是与杭州、南京以及上海等发达城市相邻的城市，积极鼓励其充分运用地理位置优势等承接上述发达中心城市产业。加强上海、浙江、江苏以及安徽绿色金融领域的人力资源储备以及互联互通，充分依托上海、杭州、南京和合肥等中心城市的资源优势，多渠道增加绿色金融专业人才数量，从而增强自身金融发展水平，扩大一体化协调发展优势。此外，政府也应当弥补市场机制存在的一些不足，例如，政府应当合理解决长三角城市群市场一体化发展过程中所涉及的诸如各省市基础设施建设和生态环境问题，并加强其环境政策、环境法规标准、环境立法的协调，并严格执行污染控制政策的协调和执行，从而实现长三角城市群市场一体化的全面发展。

(2) 深化城市间产业分工协作，实现产业转型升级。

长三角城市群应当注重消除各个城市之间因产业同质化而造成不良恶性竞争，应鼓励不同城市之间进行分工协作，形成一个协调且完善的产业分工体系。随着长三角城市群的进一步扩容，首先要积极引导城市群内沿海发达城市将落后的产业转向内地城市，从而推动发达城市寻求新的经济发展动能；其次，要进一步完善长三角城市群内的部分内陆城市承接一些沿海城市产业转移的一系列配套设施，从而逐步促进各城市间的产业实现有效对接协作，加快形成长江流域不同区间段的合理分工、结构有序的产业链，推动长三角城市群产业结构升级。例如，积极发挥上海的"龙头带动"作用，江苏、浙江和安徽各展所长。从上海来看，应不断完善和优化对内开放体系，加快建设相关平台载体，逐步淘汰能耗较高且缺乏技术性的制造业等产业，集中力量保障现代服务经济的快速发展；而对于其余三省而言，应重点打造先进制造业集群，增加世界竞争力，促进其与服务业集群的协同创新，不断弱化政策壁垒，最终形成合理的空间布局从而更有利于推动长三角城市群产业实现绿色转型。最后，还可以通过加大对长三角城市群内高新技术产业和战略性新兴产业的资金支持，从而借助其发展实现长三角城市群的产业转型升级；同时，还需要进一步加大对长三角城市群环境污染治理的财政支持，淘汰相关落后的产业和促进产业在各城市间实现有序转移，并增强城市群内各城市合作力度，避免由于产业结构变迁造成污染在产业链上下游间转移，充分发挥技术创新带来的溢出效应，使产业结构变迁能够在城市群内实现正向效应。

(3) 强化各城市科技创新能力，发挥技术的节能减排作用。

第一，加强科技创新领域的供给侧结构性改革，通过改革进一步消除长三角城市群内科技创新的阻碍因素，完善相关科技创新配套政策和机制，且加快补齐科技创新短板并着力优化科技创新环境，从而营造出有利于长三角城市群科技创新的良好市场环境。同时，还可以通过税收或者技术入股的方式支持长三角城市群内相关企业有关绿色环保的研发或者成果转化，从而实现绿色经济高质量发展。第二，长三角城市群内各地方政府应增加绿色技术研发投资在科研支出中的比例，着重将政府资金投入那些有利于绿色供给并且能够填补长三角城市群绿色短板的科技领域。同时，充分利用各种金融市场工具（如创新发展绿色基金等）支持长三角城市群内企业实现跨地区开展技术创新合作。大力支持企业自主创新，鼓励企业将更多的资金投入绿色科技方面，从而创造更多绿色财富。第三，要想实现绿色科技创新的关键因素就在于人才，因此，长三角城市群各城市应当着力培育与建设一支绿色人才队伍。一方面，长三角城市群各城市要加快完善高端人才队伍，建立并完善人才培养体系，拓展人才发展空间；另一方面，长三角城市群内各城市要重视高技能人才的培养，如可通过高技能人才的校企合作培养，不断提高长三角城市群劳动力的综合技能水平。同时，依照长三角城市群内各城市瞄准定位发展的创新产业需要的人才，吸引、留下从国外归来的科技创新人才和熟练技术工人。第四，积极搭建高校及科研院所的技术交流渠道，并培育建设一批绿色技术平台。高校和科研机构是绿色创新的重要源头，能为区域绿色可持续发展提供大量的技术支持。目前，长三角城市群内核心城市拥有较多知名高校与强势学科，并且也还有不少实力不俗的科研平台，这些资源对长三角城市群的科技创新具有显著的促进作用。因此，要充分利用长三角城市群市场一体化的外部环境，整合核心城市的科技创新要素，同时大力支持长三角城市群内高校和科研院所围绕节能环保、清洁能源等绿色前沿技术的研发及产业化，最终实现跨地区产学研一体化发展。

（4）增进城市间的协调与合作，引导城市特色化发展。

首先，长三角城市群内各省市应当秉承合作开发、协同治理的理念，以长三角城市群一体化发展的思维解决绿色发展过程中遇到的难题，从而有效避免出现"各自为政"的局面。需要不断加强顶层设计，充分利用长三角城市经济协调会等有关联动机制，开展环境污染的联防联治。其次，当在城市群内出现严重的跨区域环境污染等事件时，长三角城市群内部应当立即采取行动联合处置相关生态环境突发事件，同时凭借大数据互联网技术构建畅通的信息交流传输渠道，从而保障能够在最短的时间内有效处理环境突发事件。再次，长三角城市群的协同绿色发展，需要有一定的资金支持，因此，可以考虑从省级层面设立长三角城市群绿色发展专项基金等，并且该基金的资金来源则由长三角城市群内的三省一市按照一定的比例共同负担。同时，注重整合长三角城市群内现有各种相关的产业发展基金，致力于城市群传统产业升级。最后，对长三角城市群各城市而言，实现一体化发展并非各城市简单实现一样化，而是要突出各自优势，引导长三角城市群内各城市实现特色化发展。因此，长三角城市群内各省市在大力推进本地市场一体化的同时，也应积极支持邻近地区的市场一体化，在制定各类促进本区域发展的相关规划以及行业准则时，还应充分兼顾周围其他城市，促使跨地区的相关政策以及标准的有效对接，逐渐弱化市场分割对长三角城市群绿色发展所产生的不利影响。

7.3 研究展望

本书以长三角城市群38个城市为研究对象，研究了长三角城市群市场一体化对绿色发展效率影响的理论基础、分析框架、长三角城市群绿色发展效率的现状及区域差异，从市场一体化影响绿色发展效率的理论和实证方面进行了研究，并将产业结构调整和科技创新作为中介变量，分析了两者在长三角城市群市场一体化对绿色发展效率影响过程中所发挥的作用与运行机制，最后提出相应的政策建议。尽管本书的研究可能存在一定边际贡献，但是受制于本人能力以及其他主客观条件的限制，本书仍存在诸多的不足之处，因此，以下几个方面需要在未来进一步拓展和深化。

（1）长三角城市群市场一体化对绿色发展效率的影响从不同的角度有不同的分析，本书主要从产业结构调整、科技创新等视角重点研究市场一体化对绿色发展效率的影响，然而却并没有基于市场规模、贸易创造效应等其他角度继续展开分析，同时因本书篇幅限制，且已重点剖析了市场一体化对绿色发展效率影响的中介效应机制，但是本书没有对市场一体化如何影响绿色发展效率的微观机制进行分析，这有待于以后的进一步研究。

（2）基于研究数据的可得性，本书在实证考察市场一体化影响绿色发展效率的时间段仅选择了2004～2018年共15年长三角城市群38个地级及以上城市的数据，同时由于江苏省的淮安市、安徽省的池州市和六安市数据的缺乏，也使长三角城市群整体绿色发展效率的测度不够全面，且对绿色发展效率的研究更多地侧重于从城市层面出发，未能进一步深入区县或者企业等更微观层面，这也有待于在未来的研究中进一步深入拓展。

（3）市场一体化促进了绿色发展效率的提升以及由此提升了多少还有待进一步深入讨论。本书的研究结论显示，长三角城市群对绿色发展效率产生了显著的正向影响，那么，通过推进长三角城市群市场一体化优化资源跨区域的配置，到底能够带来多少经济增长并实现怎样的节能减排？从定量层面上来看，这也是未来本书继续研究的方向。

（4）本书研究的重心在于市场一体化、科技创新/产业结构调整如何影响了绿色发展效率，但是，绿色发展效率是否会反向影响市场一体化呢？关注与解答上述疑问中的"反向倒逼"效应，也是比较重要且值得继续探索的选题。

参考文献

[1] 白俊红,刘怡. 市场整合是否有利于区域创新的空间收敛 [J]. 财贸经济, 2020, 41 (1): 96-109.

[2] 白重恩,杜颖娟,陶志刚,仝月婷. 地方保护主义及产业地区集中度的决定因素和变动趋势 [J]. 经济研究, 2004 (4): 29-40.

[3] 卞元超,吴利华,周敏,白俊红. 国内市场分割与雾霾污染——基于空间自滞后模型的实证研究 [J]. 产业经济研究, 2020 (2): 45-57.

[4] 卞元超. 市场分割的环境污染效应研究 [D]. 东南大学, 2019.

[5] 蔡昉,王德文,曲玥. 中国产业升级的大国雁阵模型分析 [J]. 经济研究, 2009, 44 (9): 4-14.

[6] 曹卫东,王梅,赵海霞. 长三角区域一体化的环境效应研究进展 [J]. 长江流域资源与环境, 2012, 21 (12): 1427-1433.

[7] 车磊,白永平,周亮,汪凡,纪学朋,乔富伟. 中国绿色发展效率的空间特征及溢出分析 [J]. 地理科学, 2018, 38 (11): 1788-1798.

[8] 车圣保. 效率理论述评 [J]. 商业研究, 2011 (5): 31-35.

[9] 车树林,顾江,郭新茹. 文化产业对区域绿色发展的影响研究——基于省际面板数据的空间计量分析 [J]. 江西社会科学, 2017, 37 (2): 38-46.

[10] 陈超凡,蓝庆新,王泽. 城市创新行为改善生态效率了吗?——基于空间关联与溢出视角的考察 [J]. 南方经济, 2021 (1): 102-119.

[11] 陈芳,史慧敏. 市场分割对长江经济带能源环境效率影响研究 [J]. 中国环境管理, 2020, 12 (4): 104-111, 88.

[12] 陈坤,武立. 基于相对价格法的长三角经济一体化研究 [J]. 上海

经济研究,2013(12):49-56.

[13] 陈立泰,李金林,叶长华,许丽珍.长江经济带城市群产业结构变迁对生态效率的影响研究:2006~2014[J].数理统计与管理,2020,39(2):206-222.

[14] 陈敏,桂琦寒,陆铭,陈钊.中国经济增长如何持续发挥规模效应?——经济开放与国内商品市场分割的实证研究[J].经济学(季刊),2008(1):125-150.

[15] 陈明华,刘文斐,王山,刘玉鑫.长江经济带城市生态效率的空间格局及演进趋势[J].资源科学,2020,42(6):1087-1098.

[16] 陈其林.结构变动与经济运行的双约束型特征:对现行经济增长方式及其转变问题的思考[J].南开经济研究,2005(5):22-30.

[17] 陈庆江,赵明亮.信息化能否放大市场整合的创新激励效应[J].宏观经济研究,2018(10):105-120.

[18] 陈庆江,赵明亮,耿新.信息化、市场分割与产业结构合理化[J].经济问题,2018(6):14-19.

[19] 陈喜强,邓丽.政府主导区域一体化战略带动了经济高质量发展吗?——基于产业结构优化视角的考察[J].江西财经大学学报,2019(1):43-54.

[20] 陈甬军,丛子薇.更好发挥政府在区域市场一体化中的作用[J].财贸经济,2017,38(2):5-19.

[21] 陈祖海,丁莹.民族地区绿色发展水平时空演变及其影响因素分析[J].生态经济,2020,36(9):86-94.

[22] 程慧,徐琼,赵梦亚.中国旅游生态效率的空间关联网络结构及其影响因素研究[J].生态科学,2020,39(5):169-178.

[23] 程钰,王晶晶,王亚平,任建兰.中国绿色发展时空演变轨迹与影响机理研究[J].地理研究,2019,38(11):2745-2765.

[24] 崔远淼,李昌克.金融一体化与全要素生产率:机制及经验证据[J].系统工程理论与实践,2016,36(4):834-845.

[25] 邓波,张学军,郭军华.基于三阶段DEA模型的区域生态效率研究

[J]. 中国软科学, 2011 (1): 92-99.

[26] 邓峰, 杨婷玉. 市场分割对省域创新效率的空间相关性研究——基于创新要素流动视角 [J]. 科技管理研究, 2019, 39 (17): 19-29.

[27] 丁章明. 区域科技创新、科技金融与经济增长协同演进研究 [D]. 北京化工大学, 2019.

[28] 丁振辉, 刘漫与. 京津冀地区市场一体化与区域经济增长 [J]. 科学经济社会, 2013, 31 (3): 115-120.

[29] 董龙云, 史峰, 蒋满元. 地方市场分割和地方保护主义盛行的影响分析与对策探讨 [J]. 求实, 2008 (6): 42-46.

[30] 豆建民, 崔书会. 国内市场一体化促进了污染产业转移吗? [J]. 产业经济研究, 2018 (4): 76-87.

[31] 段新, 戴胜利, 廖凯诚. 区域科技创新、经济发展与生态环境的协调发展研究——基于省级面板数据的实证分析 [J]. 科技管理研究, 2020, 40 (1): 89-100.

[32] 范欣. 中国市场分割的性质及效应研究 [D]. 吉林大学, 2016.

[33] 方平. 科技创新对我国渔业结构调整的作用机制研究 [D]. 中国地质大学 (北京), 2011.

[34] 付强. 市场分割促进区域经济增长的实现机制与经验辨识 [J]. 经济研究, 2017, 52 (3): 47-60.

[35] 盖美, 张福祥. 辽宁省区域碳排放——经济发展——环境保护耦合协调分析 [J]. 地理科学, 2018, 38 (5): 764-772.

[36] 干春晖, 郑若谷, 余典范. 中国产业结构变迁对经济增长和波动的影响 [J]. 经济研究, 2011, 46 (5): 4-16, 31.

[37] 高晶. 基于三阶段 DEA 的高技术产业创新效率分析 [D]. 江苏科技大学, 2014.

[38] 高赢. 中国八大综合经济区绿色发展绩效及其影响因素研究 [J]. 数量经济技术经济研究, 2019, 36 (9): 3-23.

[39] 高远东, 张卫国, 阳琴. 中国产业结构高级化的影响因素研究 [J]. 经济地理, 2015, 35 (6): 96-101.

[40] 龚新蜀, 史雪然, 韩俊杰. 市场一体化对中国环境质量的影响研究 [J]. 工业技术经济, 2021, 40 (2): 146-152.

[41] 龚新蜀, 王曼, 张洪振. FDI、市场分割与区域生态效率: 直接影响与溢出效应 [J]. 中国人口·资源与环境, 2018, 28 (8): 95-104.

[42] 巩前文, 李学敏. 农业绿色发展指数构建与测度: 2005~2018年 [J]. 改革, 2020 (1): 133-145.

[43] 桂琦寒, 陈敏, 陆铭, 等. 中国国内商品市场趋于分割还是整合: 基于相对价格法的分析 [J]. 世界经济, 2006 (2): 20-30.

[44] 呙小明, 黄森. 碳排放约束下中国旅游业绿色发展效率研究——基于修正三阶段DEA模型 [J]. 技术经济与管理研究, 2017 (4): 8-13.

[45] 郭爱君, 张娜. 市场化改革影响绿色发展效率的理论机理与实证检验 [J]. 中国人口·资源与环境, 2020, 30 (8): 118-127.

[46] 郭湖斌, 邓智团. 新常态下长三角区域经济一体化高质量发展研究 [J]. 经济与管理, 2019, 33 (4): 22-30.

[47] 郭艳花, 梅林, 佟连军. 产业集聚对绿色发展效率的影响机制——以吉林省限制开发区为例 [J]. 地理科学, 2020, 40 (9): 1484-1492.

[48] 郭玥. 资源型地区绿色发展效率评价研究 [D]. 山西大学. 2020.

[49] 国务院发展研究中心课题组. 国内市场一体化对中国地区协调发展的影响及其启示 [J]. 中国工商管理研究, 2005 (12): 22-25.

[50] 许和连韩晶, 孙雅雯, 陈超凡, 蓝庆新. 产业升级推动了中国城市绿色增长吗? [J]. 北京师范大学学报 (社会科学版), 2019 (3): 139-151.

[51] 韩永辉, 黄亮雄, 王贤彬. 产业政策推动地方产业结构升级了吗?——基于发展型地方政府的理论解释与实证检验 [J]. 经济研究, 2017, 52 (8): 33-48.

[52] 郝淑双, 朱喜安. 中国区域绿色发展水平影响因素的空间计量 [J]. 经济经纬, 2019, 6 (1): 10-17.

[53] 何爱平, 安梦天. 地方政府竞争、环境规制与绿色发展效率 [J]. 中国人口·资源与环境, 2019, 29 (3): 21-30.

[54] 何兴邦. 技术创新与经济增长质量——基于省际面板数据的实证分

析 [J]. 中国科技论坛, 2019 (10): 24-32, 58.

[55] 贺祥民, 赖永剑, 聂爱云. 区域一体化与地区环境污染排放收敛——基于长三角区域一体化的自然实验研究 [J]. 软科学, 2016, 30 (3): 41-45.

[56] 洪勇, 许统生. 中国国内商品市场整合研究——基于需求—价格关系的视角 [J]. 南方经济, 2016 (3): 16-35.

[57] 胡安军, 郭爱君, 钟方雷, 王祥兵. 高新技术产业集聚能够提高地区绿色经济效率吗? [J]. 中国人口·资源与环境, 2018, 28 (9): 93-101.

[58] 胡鞍钢, 周绍杰. 绿色发展: 功能界定、机制分析与发展战略 [J]. 中国人口·资源与环境, 2014, 24 (1): 14-20.

[59] 胡建辉. 环境规制对产业结构调整的倒逼效应研究 [D]. 中央财经大学, 2017.

[60] 胡向婷, 张璐. 地方保护主义对地区产业结构的影响——理论与实证分析 [J]. 经济研究, 2005 (2): 102-112.

[61] 胡艳, 张安伟. 长三角区域一体化生态优化效应研究 [J]. 城市问题, 2020 (6): 20-28.

[62] 胡宗义, 李毅. 金融发展对环境污染的双重效应与门槛特征 [J]. 中国软科学, 2019 (7): 68-80.

[63] 黄建欢, 吕海龙, 王良健. 金融发展影响区域绿色发展的机理——基于生态效率和空间计量的研究 [J]. 地理研究, 2014, 33 (3): 532-545.

[64] 黄玖立, 李坤望, 黎德福. 中国地区实际经济周期的协同性 [J]. 世界经济, 2011, 34 (9): 19-41.

[65] 黄磊, 吴传清. 长江经济带城市工业绿色发展效率及其空间驱动机制研究 [J]. 中国人口·资源与环境, 2019, 29 (8): 40-49.

[66] 黄磊. 产业集聚提升了长江经济带城市工业绿色发展效率吗? [J]. 湖北大学学报 (哲学社会科学版), 2021, 48 (1): 115-125.

[67] 黄亮雄, 安苑, 刘淑琳. 中国的产业结构调整: 基于三个维度的测算 [J]. 中国工业经济, 2013 (10): 70-82.

[68] 黄倩, 李政, 熊德平. 数字普惠金融的减贫效应及其传导机制

[J]. 改革, 2019 (11): 90-101.

[69] 黄新飞, 陈珊珊, 李腾. 价格差异、市场分割与边界效应——基于长三角15个城市的实证研究 [J]. 经济研究, 2014, 49 (12): 18-32.

[70] 黄新飞, 翟爱梅, 程晓平. 区域经济一体化能否促进中国省区经济增长——基于ASW理论框架的实证检验 [J]. 学术研究, 2013 (8): 73-79, 159.

[71] 黄新飞, 翟爱梅, 李腾. 海峡两岸一体化对双边经济增长潜力的影响——基于ASW理论框架的实证检验 [J]. 中国经济问题, 2012 (6): 3-12.

[72] 黄赜琳, 王敬云. 地方保护与市场分割: 来自中国的经验数据 [J]. 中国工业经济, 2006 (2): 60-67.

[73] 姬志恒, 于伟, 张鹏. 高技术产业空间集聚、技术创新与区域绿色发展效率——基于PVAR模型的经验证据 [J]. 宏观经济研究, 2020 (9): 92-102.

[74] 江三良, 赵梦婵. 市场整合促进全要素生产率提升的路径分析——来自长江经济带的证据 [J]. 福建论坛 (人文社会科学版), 2020 (3): 83-91.

[75] 姜松, 王钊. 中国城镇化与房价变动的空间计量分析 [J]. 科研管理, 2014, 35 (11): 163-170.

[76] 景维民, 张景娜. 市场分割对经济增长的影响: 基于地区发展不平衡的视角 [J]. 改革, 2019 (9): 103-114.

[77] 景晓栋, 田泽, 丁绪辉, 闵义岚. 我国区域生态环境效率时空特征及影响因素——基于三阶段DEA模型分析 [J]. 科技管理研究, 2020, 40 (14): 237-246.

[78] 阚大学, 吕连菊. 要素市场扭曲加剧了环境污染吗——基于省级工业行业空间动态面板数据的分析 [J]. 财贸经济, 2016, 37 (5): 146-159.

[79] 柯善咨, 郭素梅. 中国市场一体化与区域经济增长互动: 1995~2007年 [J]. 数量经济技术经济研究, 2010, 27 (5): 62-72.

[80] 孔翠英. 资源型地区产业结构调整与税制优化研究 [D]. 山西财经

大学,2017.

[81] 孔令池. 国内市场分割及其区域产业结构效应研究 [D]. 南京大学,2018.

[82] 黎文勇,杨上广,吴玉鸣. 区域市场一体化对碳排放效益的影响研究——来自长三角地区的空间计量分析 [J]. 软科学,2018,32 (9):52-55,71.

[83] 黎文勇,杨上广. 市场一体化、城市功能专业化与经济发展质量——长三角地区的实证研究 [J]. 软科学,2019,33 (9):7-12.

[84] 李斌,苏珈漩. 产业结构调整有利于绿色经济发展吗?——基于空间计量模型的实证研究 [J]. 生态经济,2016,32 (6):32-37.

[85] 李光龙,范贤贤. 财政支出、科技创新与经济高质量发展——基于长江经济带108个城市的实证检验 [J]. 上海经济研究,2019 (10):46-60.

[86] 李光龙,江鑫. 绿色发展、人才集聚与城市创新力提升——基于长三角城市群的研究 [J]. 安徽大学学报(哲学社会科学版),2020,44 (3):122-130.

[87] 李郇,徐现祥. 边界效应的测定方法及其在长江三角洲的应用 [J]. 地理研究,2006 (5):792-802.

[88] 李江龙,徐斌. "诅咒"还是"福音":资源丰裕程度如何影响中国绿色经济增长? [J]. 经济研究,2018,53 (9):151-167.

[89] 李琳,刘莹. 中三角城市群与长三角城市群绿色效率的动态评估与比较 [J]. 江西财经大学学报,2015 (3):3-12.

[90] 李琳,彭宇光. 中三角城市群与长三角城市群市场一体化及影响因素比较研究 [J]. 科技进步与对策,2017,34 (1):25-30.

[91] 李善同,侯永志,刘云中,陈波. 中国国内地方保护问题的调查与分析 [J]. 经济研究,2004 (11):78-84,95.

[92] 李爽,周天凯,樊琳梓. 长江经济带城市绿色发展及影响因素分析 [J]. 统计与决策,2019,35 (15):121-125.

[93] 李晓,王小彬. 粤港澳经济一体化:基于边界效应视角的分析

[J]. 湖北社会科学, 2017 (11): 76-81.

[94] 李晓西, 刘一萌, 宋涛. 人类绿色发展指数的测算 [J]. 中国社会科学, 2014 (6): 69-95, 207-208.

[95] 李雪松, 张雨迪, 孙博文. 区域一体化促进了经济增长效率吗?——基于长江经济带的实证分析 [J]. 中国人口·资源与环境, 2017, 27 (1): 10-19.

[96] 李雨婕, 肖黎明. 中国绿色金融网络空间结构特征及影响因素分析——基于企业—城市网络转译模型的视角 [J]. 世界地理研究, 2021, 30 (1): 101-113.

[97] 李玉山, 陆远权. 产业扶贫政策能降低脱贫农户生计脆弱性吗?——政策效应评估与作用机制分析 [J]. 财政研究, 2020 (5): 63-77.

[98] 李玉山, 陆远权, 王拓. 金融扭曲对技术创新的影响研究 [J/OL]. 科研管理, 2021: 1-9.

[99] 李增福, 曾林, 叶永卫. 市场分割如何影响企业的技术创新表现 [J]. 产经评论, 2020, 11 (5): 23-41.

[100] 李子豪, 毛军. 地方政府税收竞争、产业结构调整与中国区域绿色发展 [J]. 财贸经济, 2018, 39 (12): 142-157.

[101] 林伯强, 谭睿鹏. 中国经济集聚与绿色经济效率 [J]. 经济研究, 2019, 54 (2): 119-132.

[102] 林锦彬. 福建省农业生态效率综合评价与影响因素分析 [D]. 福建农林大学, 2018.

[103] 林志鹏, 龙志和. 中国区域市场分割及其经济增长效应研究综述 [J]. 科技管理研究, 2012, 32 (2): 109-111, 119.

[104] 刘刚. 经济开放加剧了国内市场分割吗——来自中国省级面板数据的实证检验 [J]. 财贸研究, 2018, 29 (1): 16-26.

[105] 刘昊, 祝志勇. 成渝地区双城经济圈劳动力市场一体化及其影响因素研究 [J]. 软科学, 2020, 34 (10): 90-96.

[106] 刘昊, 祝志勇. 从地区性市场走向区域性市场——基于五大城市群市场分割的测算 [J]. 经济问题探索, 2021 (1): 124-135.

[107] 刘华军,刘传明,孙亚男. 中国能源消费的空间关联网络结构特征及其效应研究 [J]. 中国工业经济, 2015 (5): 83-95.

[108] 刘华军,彭莹,贾文星,裴延峰. 中国三大市场空间一体化及其网络结构研究——基于价格信息溢出视角的实证考察 [J]. 当代经济科学, 2018 (5): 79-89, 127.

[109] 刘华军,乔列成,孙淑惠. 黄河流域用水效率的空间格局及动态演进 [J]. 资源科学, 2020, 42 (1): 57-68.

[110] 刘华军,赵浩. 中国二氧化碳排放强度的地区差异分析 [J]. 统计研究, 2012, 29 (6): 46-50.

[111] 刘佳,宋秋月. 中国旅游产业绿色创新效率的空间网络结构与形成机制 [J]. 中国人口·资源与环境, 2018, 28 (8): 127-137.

[112] 刘嘉伟,岳书敬. 周期协同视角下的长三角区域经济一体化：时变测度与决定因素 [J]. 南京社会科学, 2020 (3): 54-63.

[113] 刘乃全,吴友. 长三角扩容能促进区域经济共同增长吗 [J]. 中国工业经济, 2017 (6): 79-97.

[114] 刘培林. 地方保护和市场分割的损失 [J]. 中国工业经济, 2005 (4): 70-77.

[115] 刘瑞翔. 区域经济一体化对资源配置效率的影响研究——来自长三角26个城市的证据 [J]. 南京社会科学, 2019 (10): 27-34.

[116] 刘生龙,胡鞍钢. 基础设施的外部性在中国的检验：1988~2007 [J]. 经济研究, 2010 (3): 4-15.

[117] 刘小瑜,余海华. 中国省际绿色发展的空间关联及溢出效应 [J]. 江西财经大学学报, 2020 (3): 14-24.

[118] 刘阳,秦曼. 中国东部沿海四大城市群绿色效率的综合测度与比较 [J]. 中国人口·资源与环境, 2019, 29 (3): 11-20.

[119] 刘杨,杨建梁,梁嫒. 中国城市群绿色发展效率评价及均衡特征 [J]. 经济地理, 2019, 39 (2): 110-117.

[120] 刘耀彬,胡凯川,喻群. 金融深化对绿色发展的门槛效应分析 [J]. 中国人口·资源与环境, 2017, 27 (9): 205-211.

[121] 刘运,余东华. 地方保护和市场分割的测度方法与指标体系研究 [J]. 东岳论丛,2009 (1):87-91.

[122] 刘钊. 基于三阶段 DEA 模型的中国区域绿色投资生态效率分析 [J]. 经济经纬,2019,36 (6):17-24.

[123] 刘志彪. 长三角区域市场一体化与治理机制创新 [J]. 学术月刊,2019,51 (10):31-38.

[124] 龙志和,林志鹏,吴梅,吴小节. 商品市场一体化的经济增长差异效应——以珠三角为例 (2000~2009 年) [J]. 软科学,2012,26 (12):1-4,9.

[125] 卢丽文,宋德勇,李小帆. 长江经济带城市发展绿色效率研究 [J]. 中国人口·资源与环境,2016,26 (6):35-42.

[126] 陆铭,陈钊,严冀. 收益递增、发展战略与区域经济的分割 [J]. 经济研究,2004 (1):54-63.

[127] 陆铭,陈钊. 分割市场的经济增长——为什么经济开放可能加剧地方保护?[J]. 经济研究,2009 (3):42-52.

[128] 路江涌,陶志刚. 中国制造业区域聚集及国际比较 [J]. 经济研究,2006 (3):103-114.

[129] 罗来军,罗雨泽,罗涛. 中国双向城乡一体化验证性研究——基于北京市怀柔区的调查数据 [J]. 管理世界,2014 (11):60-69,79.

[130] 罗小芳. 地方保护、市场分割与技术创新——基于中国高技术行业的实证分析 [J]. 江汉论坛,2019 (4):5-15.

[131] 吕冰洋,贺颖. 迈向统一市场:基于城市数据对中国商品市场分割的测算与分析 [J]. 经济理论与经济管理,2020,352 (4):15-27.

[132] 吕鹏. 我国住宅产业化发展的影响因素研究 [D]. 重庆大学,2008.

[133] 吕越,盛斌,吕云龙. 中国的市场分割会导致企业出口国内附加值率下降吗 [J]. 中国工业经济,2018 (5):5-23.

[134] 马雯雯. 阿克苏地区产业结构演进与城镇化发展关系研究 [D]. 新疆师范大学,2009.

[135] 毛其淋, 盛斌. 对外经济开放、区域市场整合与全要素生产率 [J]. 经济学 (季刊), 2012, 11 (1): 181-210.

[136] 毛其淋. 国内市场一体化与中国出口技术水平——基于金融发展视角的理论与实证研究 [J]. 世界经济文汇, 2012 (3): 14-40.

[137] 宁丹, 李满营. 京津冀市场一体化的阻碍与改善 [J]. 人民论坛, 2015 (26): 226-228.

[138] 牛鸿蕾. 中国产业结构调整的碳排放效应研究 [D]. 南京航空航天大学, 2013.

[139] 庞家幸. 中国农业生态效率研究 [D]. 兰州大学, 2016.

[140] 彭星, 李斌. 全球价值链视角下中国嵌入制造环节的经济碳排放效应研究 [J]. 财贸研究, 2013, 24 (6): 18-26.

[141] 蒲艳萍, 顾冉. 劳动力工资扭曲如何影响企业创新 [J]. 中国工业经济, 2019 (7): 137-154.

[142] 祁晓凤. 基于市场分割视角的中国省际能源效率研究 [D]. 浙江财经大学, 2019.

[143] 邱风, 王正新, 林阳阳, 盛雯雯, 王倩. 地方保护、市场分割与地区产业结构差异化 [J]. 财经论丛, 2015 (10): 103-112.

[144] 邱龙彬. 中国商品市场分割与经济增长关系研究 [D]. 中央民族大学, 2013.

[145] 任志成, 张二震, 吕凯波. 贸易开放、财政分权与国内市场分割 [J]. 经济学动态, 2014 (12): 44-52.

[146] Sandra PONCET. 中国市场正在走向"非一体化"?——中国国内和国际市场一体化程度的比较分析 [J]. 世界经济文汇, 2002 (1): 5-19.

[147] 邵汉华, 吕欣怡, 夏海波. 都市圈市场一体化的地区差异及空间溢出效应 [J]. 华侨大学学报 (哲学社会科学版), 2020 (4): 97-109.

[148] 邵汉华, 王瑶, 罗俊. 区域一体化与城市创新: 基于长三角扩容的准自然实验 [J]. 科技进步与对策, 2020, 37 (24): 37-45.

[149] 沈丽, 张好圆, 李文君. 中国普惠金融的区域差异及分布动态演进 [J]. 数量经济技术经济研究, 2019, 36 (7): 62-80.

[150] 沈琳浩. 商品市场一体化对区域经济协调发展的影响研究 [D]. 兰州财经大学, 2015.

[151] 盛斌, 毛其淋. 贸易开放, 国内市场一体化与中国省际经济增长: 1985~2008 年 [J]. 世界经济, 2011 (11): 44-66.

[152] 盛科荣, 杨雨, 张红霞. 中国城市网络的凝聚子群及影响因素研究 [J]. 地理研究, 2019, 38 (11): 2639-2652.

[153] 师博, 沈坤荣. 市场分割下的中国全要素能源效率: 基于超效率 DEA 方法的经验分析 [J]. 世界经济, 2008 (9): 51-61.

[154] 施本植, 许宁, 刘明, 邓铭. 金融集聚对城市绿色经济效率的影响及作用渠道——基于中国 249 个地级以上城市的实证分析 [J]. 技术经济, 2018, 37 (8): 87-95.

[155] 世界环境与发展委员会. 我们共同的未来 [M]. 吉林: 吉林人民出版社, 1987.

[156] 宋冬林, 范欣. 国内市场整合趋势下的经济增长研究: 1985~2011 [J]. 求是学刊, 2015, 42 (3): 52-62, 189.

[157] 宋书杰. 对外开放与市场分割是倒 U 型关系吗? [J]. 当代财经, 2016 (6): 15-24.

[158] 苏宏伟. 日本制造业产业结构合理化与高级化研究 [D]. 吉林大学, 2017.

[159] 孙博文, 陈路, 李浩民. 市场分割的绿色增长效率损失评估——非线性机制验证 [J]. 中国人口·资源与环境, 2018, 28 (7): 147-157.

[160] 孙博文, 程志强. 市场一体化的工业污染排放机制: 长江经济带例证 [J]. 中国环境科学, 2019, 39 (2): 868-878.

[161] 孙博文, 雷明. 市场分割、降成本与高质量发展: 一个拓展新经济地理模型分析 [J]. 改革, 2018 (7): 53-63.

[162] 孙博文, 李雪松, 伍新木, 王磊. 长江经济带市场一体化与经济增长互动研究 [J]. 预测, 2016, 35 (1): 1-7.

[163] 孙博文, 谢贤君, 程志强. 城乡劳动力市场一体化的可持续减贫效应——基于 OECD 绿色增长框架下的绿色减贫效率 [J]. 生态经济, 2019,

35（12）：197-204.

［164］孙博文. 长江经济带市场一体化的经济增长效应研究［D］. 武汉大学，2017.

［165］孙博文. 市场一体化是否有助于降低污染排放？——基于长江经济带城市面板数据的实证分析［J］. 环境经济研究，2018，3（1）：37-56.

［166］孙潇. 山东省产业结构变迁对经济增长影响的实证分析［D］. 首都经济贸易大学，2017.

［167］孙亚男，杨名彦. 中国绿色全要素生产率的俱乐部收敛及地区差距来源研究［J］. 数量经济技术经济研究，2020，37（6）：47-69.

［168］孙叶飞，夏青，周敏. 新型城镇化发展与产业结构变迁的经济增长效应［J］. 数量经济技术经济研究，2016，33（11）：23-40.

［169］孙毅. 资源型区域绿色转型的理论与实践研究［D］. 东北师范大学，2012.

［170］孙元元，张建清. 市场一体化与生产率差距：产业集聚与企业异质性互动视角［J］. 世界经济，2017，40（4）：79-104.

［171］谈胎. 长江经济带三大城市群市场一体化评价与一体化模式研究［D］. 湖南大学，2017.

［172］唐未兵，傅元海，王展祥. 技术创新、技术引进与经济增长方式转变［J］. 经济研究，2014，49（7）：31-43.

［173］滕堂伟，孙蓉，胡森林. 长江经济带科技创新与绿色发展的耦合协调及其空间关联［J］. 长江流域资源与环境，2019，28（11）：2574-2585.

［174］田时中，丁雨洁. 长三角城市群绿色化测量及影响因素分析——基于26城市面板数据熵值—Tobit模型实证［J］. 经济地理，2019，39（9）：94-103.

［175］仝文涛，顾晓光. 市场分割对制造业升级的影响效应研究［J］. 现代经济探讨，2019（11）：106-112.

［176］涂建. 中国产业结构调整对低碳物流效率影响的实证研究［D］. 江西财经大学，2019.

[177] 汪莉, 邵雨卉, 陈登科. 地方寻租与区域绿色经济增长效率 [J]. 世界经济文汇, 2019 (3): 85-103.

[178] 汪伟全. 长三角区域经济圈内地方利益冲突的现状调查与对策研究 [J]. 华东经济管理, 2010, 24 (12): 12-16.

[179] 王锋, 李紧想, 张芳, 吴艳杰. 金融集聚能否促进绿色经济发展?——基于中国30个省份的实证分析 [J]. 金融论坛, 2017, 22 (9): 39-47.

[180] 王海芹, 高世楫. 我国绿色发展萌芽、起步与政策演进: 若干阶段性特征观察 [J]. 改革, 2016 (3): 6-26.

[181] 王婧, 杜广杰. 中国城市绿色发展效率的空间分异及驱动因素 [J]. 经济与管理研究, 2020, 41 (12): 11-27.

[182] 王磊, 邓芳芳. 市场分割与资源错配——基于生产率分布视角的理论与实证分析 [J]. 经济理论与经济管理, 2016 (11): 16-26.

[183] 王磊, 李成丽. 市场一体化、城市化与区域经济增长——基于长三角16个城市的实证研究 [J]. 现代城市研究, 2018 (3): 81-87.

[184] 王磊, 张肇中. 国内市场分割与生产率损失: 基于企业进入退出视角的理论与实证研究 [J]. 经济社会体制比较, 2019 (4): 30-42.

[185] 王晓芳, 谢贤君, 孙博文. 区域一体化的技术进步效应路径研究——基于长江经济带的经验数据 [J]. 华东经济管理, 2019, 33 (3): 64-71.

[186] 王亚平, 任建兰, 程钰. 科技创新对绿色发展的影响机制与区域创新体系构建 [J]. 山东师范大学学报 (人文社会科学版), 2017, 62 (4): 68-76.

[187] 温忠麟, 叶宝娟. 中介效应分析: 方法和模型发展 [J]. 心理科学进展, 2014, 22 (5): 731-745.

[188] 吴洁, 张云, 韩露露. 长三角城市群绿色发展效率评价研究 [J]. 上海经济研究, 2020 (11): 46-55.

[189] 武英涛, 茆训诚, 张云. 长三角金融市场一体化中的行政边界壁垒测度——基于企业债务融资成本的实证研究 [J]. 河海大学学报 (哲学社会科学版), 2019, 21 (5): 41-50, 106.

[190] 肖黎明, 李洄旭, 肖沁霖, 张润婕. 中国区域绿色创新与绿色发展的协同及互动——基于耦合协调与PVAR模型的检验 [J]. 科技管理研究, 2019, 39 (20): 9-20.

[191] 行伟波, 李善同. 引力模型, 边界效应与中国区域间贸易: 基于投入产出数据的实证分析 [J]. 国际贸易问题, 2010 (10): 32-41.

[192] 行伟波, 李善同. 地方保护主义与中国省际贸易 [J]. 南方经济, 2012 (1): 58-70.

[193] 徐保昌, 谢建国. 市场分割与企业生产率: 来自中国制造业企业的证据 [J]. 世界经济, 2016, 39 (1): 95-122.

[194] 徐成龙. 环境规制下产业结构调整及其生态效应研究 [D]. 山东师范大学, 2015.

[195] 徐现祥, 李郇, 王美今. 区域一体化、经济增长与政治晋升 [J]. 经济学 (季刊), 2007 (4): 1075-1096.

[196] 徐现祥, 李郇. 市场一体化与区域协调发展 [J]. 经济研究, 2005 (12): 57-67.

[197] 徐勇, 赵永亮. 商业周期与区际经济一体化——自然壁垒、经济结构与政策 [J]. 财经研究, 2007 (7): 70-81.

[198] 许和连, 邓玉萍. 外商直接投资导致了中国的环境污染吗?——基于中国省际面板数据的空间计量研究 [J]. 管理世界, 2012 (2): 30-43.

[199] 许统生, 洪勇. 中国省区间经济周期同步性研究 [J]. 经济科学, 2013 (3): 34-47.

[200] 许宪春, 任雪, 常子豪. 大数据与绿色发展 [J]. 中国工业经济, 2019 (4): 5-22.

[201] 杨斌. 2000~2006年中国区域生态效率研究——基于DEA方法的实证分析 [J]. 经济地理, 2009, 29 (7): 1197-1202.

[202] 杨代刚. 制度环境与区域科技创新能力的关系研究 [D]. 东北财经大学, 2013.

[203] 杨丹丹, 马红梅, 杜宇晨. 区域市场一体化对经济增长的影响——以长江经济带沿线11省市为例 [J]. 商业经济研究, 2019 (8): 154-157.

[204] 杨凤华, 王国华. 长江三角洲区域市场一体化水平测度与进程分析 [J]. 管理评论, 2012, 24 (1): 32-38.

[205] 杨开忠, 欧阳一漪, 王宇光. 中国省域经济周期波动与协动性研究 [J]. 经济纵横, 2019 (11): 42-57, 52.

[206] 杨林, 陈喜强. 协调发展视角下区域市场一体化的经济增长效应——基于珠三角地区的考察 [J]. 经济问题探索, 2017 (11): 59-66.

[207] 杨明海, 张红霞, 孙亚男, 李倩倩. 中国八大综合经济区科技创新能力的区域差距及其影响因素研究 [J]. 数量经济技术经济研究, 2018, 35 (4): 3-19.

[208] 杨明海, 张红霞, 孙亚男. 七大城市群创新能力的区域差距及其分布动态演进 [J]. 数量经济技术经济研究, 2017, 34 (3): 21-39.

[209] 杨桐彬, 朱英明, 王念, 周波. 长三角城市生态效率的地区差异与空间收敛 [J]. 华东经济管理, 2020, 34 (7): 28-35.

[210] 杨振兵. 市场整合利于提升创新效率吗——基于创新能力与创新动力的新视角 [J]. 当代财经, 2016 (3): 13-23.

[211] 姚永玲, 邵璇璇. 京津冀协同发展中的多极核—双重边界效应 [J]. 首都经济贸易大学学报, 2020, 22 (5): 47-56.

[212] 易凌, 林建原. 如何突破区域经济一体化的制度性障碍——基于长三角区域法规政策差异冲突的调查分析 [C] //2011年 (第九届) "中国法经济学论坛", 2011.

[213] 尹希文. 中国区域创新环境对产业结构升级的影响研究 [D]. 吉林大学, 2019.

[214] 尤济红, 陈喜强. 区域一体化合作是否导致污染转移——来自长三角城市群扩容的证据 [J]. 中国人口·资源与环境, 2019, 29 (6): 118-129.

[215] 于斌斌. 产业结构调整与生产率提升的经济增长效应——基于中国城市动态空间面板模型的分析 [J]. 中国工业经济, 2015, 333 (12): 85-100.

[216] 余东华, 刘运. 地方保护和市场分割的测度与辨识——基于方法论的文献综述 [J]. 世界经济文汇, 2009 (1): 80-93, 49.

[217] 喻开志, 吕笑月, 黄楚蘅. 四川省科技创新对区域经济增长的直接影响及其溢出效应 [J]. 财经科学, 2016 (7): 111-120.

[218] 袁航, 朱承亮. 西部大开发推动产业结构转型升级了吗?——基于 PSM-DID 方法的检验 [J]. 中国软科学, 2018 (6): 67-81.

[219] 袁华锡, 刘耀彬, 封亦代. 金融集聚如何影响绿色发展效率?——基于时空双固定的 SPDM 与 PTR 模型的实证分析 [J]. 中国管理科学, 2019, 27 (11): 61-75.

[220] 岳书敬, 邹玉琳, 胡姚雨. 产业集聚对中国城市绿色发展效率的影响 [J]. 城市问题, 2015 (10): 49-54.

[221] 张德钢. 财政分权、市场分割与碳排放强度研究 [D]. 重庆大学, 2017.

[222] 张德钢. 市场分割对碳排放效率的影响研究——基于固定效应面板随机前沿模型 [J]. 软科学, 2018, 32 (9): 94-97.

[223] 张昊. 再议国内区域市场是趋于分割还是整合——对测度方法的探讨与改进 [J]. 财贸经济, 2014 (11): 101-110.

[224] 张昊. 地区间生产分工与市场统一度测算:"价格法"再探讨 [J]. 世界经济, 2020, 43 (4): 52-74.

[225] 张欢, 罗畅, 成金华, 王鸿涛. 湖北省绿色发展水平测度及其空间关系 [J]. 经济地理, 2016, 36 (9): 158-165.

[226] 张江雪, 蔡宁, 杨陈. 环境规制对中国工业绿色增长指数的影响 [J]. 中国人口·资源与环境, 2015, 25 (1): 24-31.

[227] 张婕, 吴寿敏, 张云. 长三角城市群绿色发展水平测度与分析 [J]. 河海大学学报 (哲学社会科学版), 2020, 22 (4): 53-60, 107-108.

[228] 张可. 区域一体化有利于减排吗? [J]. 金融研究, 2018 (1): 67-83.

[229] 张可. 市场一体化有利于改善环境质量吗?——来自长三角地区的证据 [J]. 中南财经政法大学学报, 2019 (4): 67-77.

[230] 张三峰, 魏下海. 信息与通信技术是否降低了企业能源消耗——来自中国制造业企业调查数据的证据 [J]. 中国工业经济, 2019, 371 (2):

157-175.

[231] 张淑芹. 我国地区市场的一体化特征及规制壁垒 [D]. 对外经济贸易大学, 2015.

[232] 张涛, 武金爽. 中国文化产业绿色发展效率的空间网络结构及影响机理研究 [J]. 地理科学, 2021, 41 (4): 580-587.

[233] 张桅, 胡艳. 长三角地区创新型人力资本对绿色全要素生产率的影响——基于空间杜宾模型的实证分析 [J]. 中国人口·资源与环境, 2020, 30 (9): 106-120.

[234] 张文, 郭苑, 万军花. 城乡劳动力市场一体化的制约因素分析——基于外出就业农民工的问卷调查 [J]. 求实, 2011 (9): 38-41.

[235] 张小筠, 刘戒骄, 李斌. 环境规制、技术创新与制造业绿色发展 [J]. 广东财经大学学报, 2020, 35 (5): 48-57.

[236] 张新林, 仇方道, 王长建, 王佩顺. 长三角城市群工业生态效率空间溢出效应及其影响因素 [J]. 长江流域资源与环境, 2019, 28 (8): 1791-1800.

[237] 张旭, 魏福丽, 袁旭梅. 中国省域高质量绿色发展水平评价与演化 [J]. 经济地理, 2020, 40 (2): 108-116.

[238] 张学良, 程玲, 刘晴. 国内市场一体化与企业内外销 [J]. 财贸经济, 2021, 42 (1): 136-150.

[239] 张应武, 李小瑛. 中国省区市场整合测度及其俱乐部整合特征 [J]. 南方经济, 2010 (9): 3-14.

[240] 张英浩, 陈江龙, 程钰. 环境规制对中国区域绿色经济效率的影响机理研究——基于超效率模型和空间面板计量模型实证分析 [J]. 长江流域资源与环境, 2018, 27 (11): 2407-2418.

[241] 张跃, 刘莉, 黄帅金. 区域一体化促进了城市群经济高质量发展吗?——基于长三角城市经济协调会的准自然实验 [J]. 科学学研究, 2021, 39 (1): 63-72.

[242] 张治栋, 陈竞. 环境规制、产业集聚与绿色经济发展 [J]. 统计与决策, 2020, 36 (15): 114-118.

[243] 张钟元, 李腾, 马强. 金融集聚对城市绿色经济效率的门槛效应分析——基于我国九个国家中心城市统计数据 [J]. 技术经济与管理研究, 2020 (3): 98-102.

[244] 张子砚, 曹阳. 创新及创新效率研究综述 [J]. 现代商贸工业, 2014, 26 (11): 24-26.

[245] 赵海峰, 张颖. 区域一体化对产业结构升级的影响——来自长三角扩容的经验证据 [J]. 软科学, 2020, 34 (12): 81-86, 103.

[246] 赵金丽, 张学波, 宋金平. 京津冀劳动力市场一体化评价及影响因素 [J]. 经济地理, 2017 (5): 94-100.

[247] 赵进文, 苏明政. 劳动力市场分割、金融一体化与巴拉萨—萨缪尔森效应——基于省际面板平滑转换模型的检验 [J]. 金融研究, 2014 (1): 16-28.

[248] 赵领娣, 徐乐. 基于长三角扩容准自然实验的区域一体化水污染效应研究 [J]. 中国人口·资源与环境, 2019, 29 (3): 50-61.

[249] 赵领娣, 张磊, 徐乐, 等. 人力资本, 产业结构调整与绿色发展效率的作用机制 [J]. 中国人口资源与环境, 2016, 26 (11): 106-114.

[250] 赵奇伟, 熊性美. 中国三大市场分割程度的比较分析: 时间走势与区域差异 [J]. 世界经济, 2009 (6): 41-53.

[251] 赵涛, 张智, 梁上坤. 数字经济、创业活跃度与高质量发展——来自中国城市的经验证据 [J]. 管理世界, 2020, 36 (10): 65-76.

[252] 郑威. 财政科技政策激励对企业创新驱动发展效率的影响研究 [D]. 重庆大学, 2019.

[253] 郑艳. 我国收入差距与产业结构调整的互动关系研究 [D]. 中南财经政法大学, 2019.

[254] 钟昌标. 国内区际分工和贸易与国际竞争力 [J]. 中国社会科学, 2002 (1): 94-100, 207.

[255] 钟甘霖. 粤港澳大湾区市场一体化的经济增长效应研究 [D]. 华南理工大学, 2019.

[256] 周国红, 楼锡锦. 长三角区域经济一体化的基本态势与战略思考——

基于宁波市532家企业的问卷调查与分析 [J]. 经济地理, 2007 (1): 74-77.

[257] 周黎安. 中国地方官员的晋升锦标赛模式研究 [J]. 经济研究, 2007, 42 (7): 36-50.

[258] 周亮, 车磊, 周成虎. 中国城市绿色发展效率时空演变特征及影响因素 [J]. 地理学报, 2019, 74 (10): 2027-2044.

[259] 周正柱, 李瑶瑶. 长三角市场一体化经济增长效应及路径——基于长三角27个城市的考察 [J]. 华东经济管理, 2021, 35 (8): 29-39.

[260] 诸大建. 最近10年国外循环经济进展及对中国深化发展的启示 [J]. 中国人口·资源与环境, 2017, 27 (8): 9-16.

[261] 祝丽云, 李彤, 马丽岩, 孙贵珍. 雾霾约束下我国城市绿色经济效率评价研究——以京津冀、长三角和珠三角城市圈为例 [J]. 科技管理研究, 2018, 38 (22): 58-63.

[262] Anselin, L., Gallo, J. L., Jayet, H. Spatial Panel Econometrics [M]. Springer Berlin Heidelberg. 2008.

[263] Bai, J. H., Lu, J. Y., Li, S. J. Fiscal Pressure, Tax Competition and Environmental Pollution [J]. Environmental & Resource Economics, 2018 (1): 1-17.

[264] Bian, Y., Song, K., Bai, J. Market segmentation, resource misallocation and environmental pollution [J]. Journal of Cleaner Production, 2019, 228 (8): 376-387.

[265] Bian, Y. C., Song, K. F., Bai, J. H. Market segmentation, resource misallocation and environmental pollution [J]. Journal of Cleaner Production, 2019, 228 (8): 376-387.

[266] Bian, Y. C. Market segmentation, resource misallocation and environmental pollution [J]. Journal of Cleaner Production, 2019, 228 (8): 376-387.

[267] Charnes, A., Cooper, W. W., RHODES, E. Measuring the efficiency of decision making units. European Journal of Operational Research, 1978,

2 (6): 429-444.

[268] Chen, C., Sun, Y., Lan, Q. et al. Impacts of industrial agglomeration on pollution and ecological efficiency-A spatial econometric analysis based on a big panel dataset of China's 259 cities [J]. Journal of Cleaner Production, 2020, 258 (6): 120-721.

[269] Chen, W., Ning, S., Chen, W. et al. Spatial-temporal characteristics of industrial land green efficiency in China: Evidence from prefecture-level cities [J]. Ecological Indicators, 2020, 113 (6): 106256.

[270] Chen, X., Huang, B. Club membership and transboundary pollution: Evidence from the European Union enlargement [J]. Energy Economics, 2016, 53 (1): 230-237.

[271] Ciccone, A., Hall, R. E. "Productivity and the Density of Economic Activity", American Economic Review, 1996, 86 (1): 54-70.

[272] Ciccone, A. "Agglomeration Effects in Europe", European Economic Review, 2002, 46 (2): 213-227.

[273] Cong, D., et al. Energy supply efficiency evaluation of integrated energy systems using novel sbm-dea integrating monte carlo. Energy, 2021: 120834.

[274] Du, K. R., Chen, Y. Y., Y, X. Environmental regulation, green technology innovation, and industrial structure upgrading: The road to the green transformation of Chinese cities [J]. Energy Economics, 2021, 98 (6): 105247.

[275] Duanmu, J. L., Bu, M., Pittman, R. Does market competition dampen environmental performance? Evidence from China [J]. Strategic Management Journal, 2018, 39 (11): 3006-3030.

[276] Ebenstein A, Fan M, Greenstone M, et al. New evidence on the impact of sustained exposure to air pollution on life expectancy from China's Huai River Policy [J]. Proceedings of the National Academy of Sciences of the United States of America, 2017, 114 (39): 10384-10389.

[277] Edison, H. J., Levine, R., Ricci, L. et al. International Financial Integration and Economic Growth [J]. NBER Working Papers, 2002, 18 (3):

432 - 463.

[278] Fan, C. S. , Wei, X. the law of one price: evidence from the transition economy of china [J]. review of economics & statistics, 2006, 88 (4): 682 - 697.

[279] Fang, G. C. , Wang, Q. L. , Tian, L. X. Green development of Yangtze River Delta in China under Population - Resources - Environment - Development - Satisfaction perspective [J]. Science of The Total Environment, 2020, 727 (7): 138710.

[280] Farrell. M. The Measurement of Produetive Effieieney. Journal of the Royal Statistieal Soeiety Series A, General, Part3. 1957, 120: 253 - 281.

[281] Grossman G M, Krueger A B. Economic Growth and the Environment [J]. Nber Working Papers, 1995, 110 (2): 353 - 377.

[282] Guo, Y. H. , Tong, L. J. , Mei, L. The effect of industrial agglomeration on green development efficiency in Northeast China since the revitalization [J]. Journal of Cleaner Production, 2020, 258 (6): 120584.

[283] Hasan, I. , Tucci, C. L. The innovation-economic growth nexus: Global evidence. Research Policy. 2010, 39 (10): 1264 - 1276.

[284] Hirschman A O. Interregional and international transmission of economic growth [J]. The Strategy of Economic Development, 1958, 958 (1): 183 - 201.

[285] Hu, A. G. , Embracing China's "new normal" why the economy is still on track. Foreign Aff. 94 (3), 2015, 8e12. https: //www. jstor. org/stable/24483657.

[286] Hulten, C. R. , Bennathan, E. , Srinivasan, S. Infrastructure, Externalities, and Economic Development: A Study of the Indian Manufacturing Industry [J]. Social Science Electronic Publishing, 2006, 20 (2): 291 - 308.

[287] Islam N. Small sample performance of dynamic panel data estimators in estimating the growth-convergence equation: A Monte Carlo study [J]. Advances in Econometrics, 2001, 15 (1): 317 - 339.

[288] Jung, S. , Lee, J. D. , Hwang, W. S. , et al. , Growth versus equi-

ty: A CGE analysis for effects of factor-biased technical progress on economic growth and employment. Economic Modelling. 2017, 60 (1): 424 – 438.

[289] Ke, S. Z. Domestic Market Integration and Regional Economic Growth—China's Recent Experience from 1995 ~ 2011 [J]. World Development, 2015, 66: 588 – 597.

[290] Khan, S. U., et al. Tracking sustainable development efficiency with human-environmental system relationship: An application of DPSIR and super efficiency SBM model. Science of the Total Environment, 2021, 783: 146959.

[291] Lai, A. L., Yang, Z. H., Cui, L. B. Market segmentation impact on industrial transformation: Evidence for environmental protection in China [J]. Journal of Cleaner Production, 2021, 297: 126607.

[292] Li, L. B., Hu, J. L. Ecological Total-Factor Energy Efficiency of Regions in China [J]. Energy Policy, 2012, 46 (1): 216 – 224.

[293] Li, J. L., Lin, B. Q., Does energy and CO_2 emissions performance of China benefit. 2017.

[294] Li, Y., Chen, Y., Li, Q. Assessment analysis of green development level based on S-type cloud model of Beijing-Tianjin-Hebei, China [J]. Renewable and Sustainable Energy Reviews, 2020, 133 (11): 110245.

[295] Li, L. B., Hu, J. L. Ecological total-factor energy efficiency of regions in China. Energy policy. 2012, 46: 216 – 224.

[296] Lin Boqiang and Zhu Junpeng. Policy effect of the Clean Air Action on green development in Chinese cities. [J]. Journal of environmental management, 2020, 258: 110036.

[297] Liu, K. D., Yang, G. L., Yang, D. G. Investigating industrial water-use efficiency in mainland China: An improved SBM-DEA model. Journal of Environmental Management, 2020, 270: 110859.

[298] Luo D, Liang L, Wang Z, et al. Exploration of coupling effects in the Economy – Society – Environment system in urban areas: Case study of the Yangtze River Delta Urban Agglomeration [J]. Ecological Indicators, 2021, 128 (11):

107858.

[299] Machlup F. Economic integration: worldwide, regional, sectoral: proceedings of the fourth congress of the International Economic Association held at Budapest, Hungary [J]. Chemistry-A European journal, 1976, 18 (35): 11123 – 11138 (16).

[300] Naughton B. How Much Can Regional Integration Do to Unify China's Markets? [J]. how far across the river, 2000.

[301] Orlowski L T. Capital Markets Integration and Economic Growth in the European Union [J]. Journal of Policy Modeling, 2020, 42 (7): 893 – 902.

[302] Qin Q, Jiao Y, Gan X, et al. Environmental efficiency and market segmentation: An empirical analysis of China's thermal power industry [J]. Journal of Cleaner Production, 2019, 242 (1): 1 – 10.

[303] Sala-i-Martin, X. The World Distribution of Income: Falling Poverty and. Convergence, Period [J]. Quarterly Journal of Economics, 2006, 121 (2): 351 – 397.

[304] Shao, S et al. Market segmentation and urban CO_2 emissions in China: Evidence from the Yangtze River Delta region [J]. Journal of Environmental Management, 2019, 248: 109324.

[305] Shao S, Chen Y, Li K, et al. Market segmentation and urban CO_2 emissions in China: Evidence from the Yangtze River Delta region [J]. Journal of Environmental Management, 2019, 248 (10): 109324.1 – 109324.10.

[306] Shao S, Chen Y, Li K, et al. Market segmentation and urban CO_2 emissions in China: Evidence from the Yangtze River Delta region [J]. Journal of Environmental Management, 2019, 248 (10): 1 – 10.

[307] Shao S, et al. Market segmentation and urban CO_2 emissions in China: Evidence from the. 2019.

[308] Song F, Bi D, Wei C. Market segmentation and wind curtailment: An empirical analysis [J]. Energy Policy, 2019, 132 (9): 831 – 838.

[309] Song, M. L., Peng, J., Wang, J. L., Zhao, J. J., b. Environ-

mental effiffifficiency and economic growth of China: a Ray slack-based model analysis. Eur. J. Oper. Res. 2018, 269 (1): 51 – 63.

[310] Tan S K, Hu B X, Kuang B, et al. Regional differences and dynamic evolution of urban land green use efficiency within the Yangtze River Delta, China [J]. Land Use Policy, 2021, 106: 105449.

[311] Tao, X., Wang, P., Zhu, B. Provincial green economic efficiency of China: A non-separable input-output SBM approach [J]. Applied Energy, 2016, 171 (6): 58 –66.

[312] Tian, Y., Wang, R., Liu, L. Q., et al. A spatial effect study on financial agglomeration promoting the green development of urban agglomerations [J]. Sustainable Cities and Society, 2021, 70 (7): 102900.

[313] Tobler, W. R., A Computer Movie Simulating Urban Growth in the Detroit Region. Economic Geography, 1970, 46: 234 – 240.

[314] Tone K. A slacks-based measure of efficiency in data envelopment analysis. European Journal of Operational Research, 2001, 130 (3): 498 – 509.

[315] Tone, K. Dealing with undesirable outputs in DEA: A slacks-based measure (SBM) approach. GRIPS Research Report Series, 2003.

[316] Wang, H. P., Wang, M. X., Effects of technological innovation on energy efficiency in China: Evidence from dynamic panel of 284 cities. Science of The Total Environment. 2019, 709: 136172.

[317] Wang, S., Zhao, D., Chen, H., Government corruption, resource misallocation, and ecological efficiency [J]. Energy Economics, 2020, 85 (1): 104573.

[318] Wang, Y., Chen, H., Long, R., et al. Evaluating green development level of mineral resource-listed companies: Based on a "dark green" assessment framework [J]. Resources Policy, 2021, 71 (6): 102012.

[319] Wang, Y., Hu, H., Dai, W., et al. Evaluation of industrial green development and industrial green competitiveness: Evidence from Chinese urban agglomerations [J]. Ecological Indicators, 2021, 124 (1): 107371.

[320] Wu, J., Lu, W., Li, M. J. A DEA-based improvement of China's green development from the perspective of resource reallocation [J]. Science of The Total Environment, 2020, 717 (3): 137106.

[321] Yang Yu, Liu Yi. Progress in China's sustainable development research: Contribution of Chinese geographers [J]. Journal of Geographical Sciences, 2016, 26 (8): 1176-1196.

[322] Yang, X. D., et al. Does the development of the internet contribute to air pollution control in China? Mechanism discussion and empirical test. Structural change and economic dynamics. 2021, 56: 207-224.

[323] Young A. The Razor's Edge: Distortions And Incremental Reform In The People's Republic Of China [J]. Quarterly Journal of Economics, 2000, 115 (4): 1091-1135.

[324] Yuan B, Xiang Q. Environmental regulation, industrial innovation and green development of Chinese manufacturing: Based on an extended CDM model [J]. Journal of Cleaner Production, 2018, 176 (3): 895-908.

[325] Yuan, H., Zhang, T., Feng, Y. et al. Does financial agglomeration promote the green development in China? A spatial spillover perspective [J]. Journal of Cleaner Production, 2019, 237 (11): 1-12.

[326] Yuan, H. X., Feng, Y. D., Lee, J. et al. The spatial threshold effect and its regional boundary of financial agglomeration on green development: A case study in China [J]. Journal of Cleaner Production, 2020, 244 (1): 118670.

[327] Zhang, K., Shao, S., Fan, S. Market integration and environmental quality: Evidence from the Yangtze river delta region of China [J]. Journal of Environmental Management, 2020, 261 (5): 1-17.

[328] Zhang, N.; Kong, F. B., Yu, Y. N. Measuring ecological total-factor energy efficiency incorporating regional heterogeneities in China. Ecological indicators, 2015, 51: 165-172.

[329] Zhao, P. J., Zeng, L. E., Lu, H. Y. et al. Green economic efficien-

cy and its influencing factors in China from 2008 to 2017: Based on the super-SBM model with undesirable outputs and spatial Dubin model [J]. Science of The Total Environment, 2020, 741 (11): 140026.

[330] Zhu B, Zhang M, Zhou Y, et al. Exploring the effect of industrial structure adjustment on interprovincial green development efficiency in China: A novel integrated approach [J]. Energy Policy, 2019, 134: 110946.

[331] Zhu B Z et al. Exploring the effect of carbon trading mechanism on China's green development efficiency: A novel integrated approach [J]. Energy Economics, 85 (5): 137106.

[332] Zhu, B. Z., et al. Exploring the effect of carbon trading mechanism on China's green development efficiency: A novel integrated approach [J]. Energy Economics, 2020, 85: 104601.